# Buchstaben und Zahlen

## Schreiben Lernen

### mit

# DINOS

## Dieses Buch gehört:

_______________________

_______________________

<u>Aa</u> Bb Cc Dd Ee Ff Gg Hh Ii Jj Kk Ll Mm Nn Oo Pp
Qq Rr Ss Tt Uu Vv Ww Xx Yy Zz

# **A**nkylosaurus

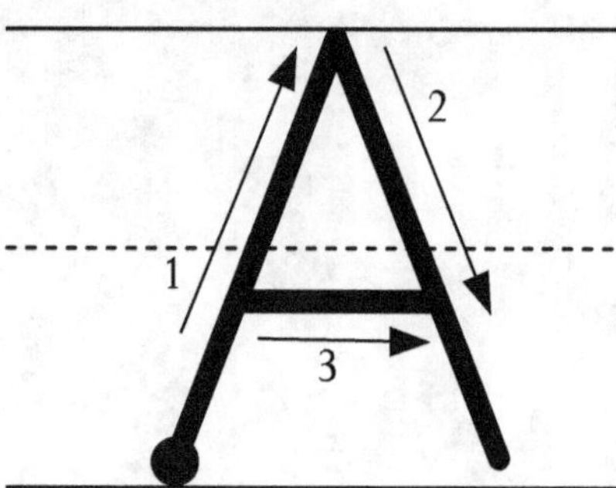

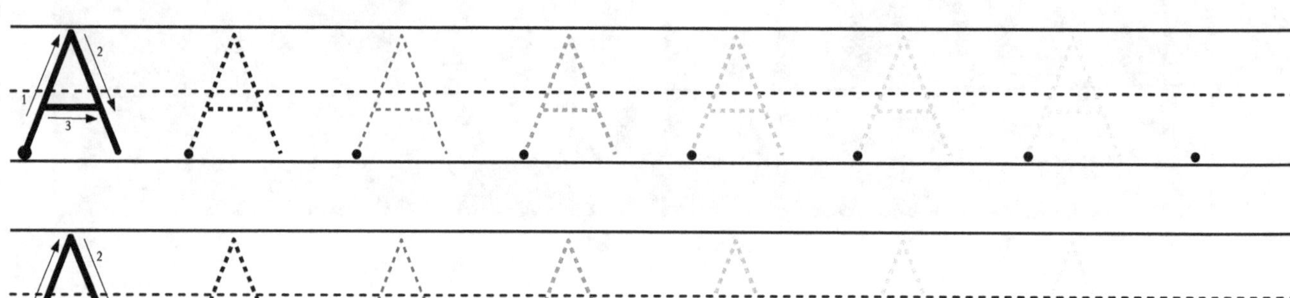

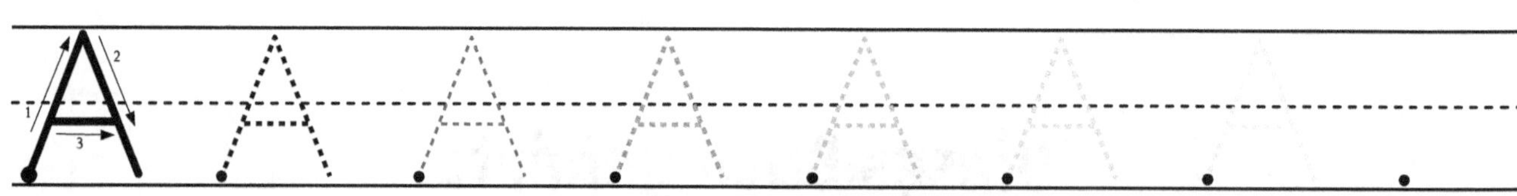

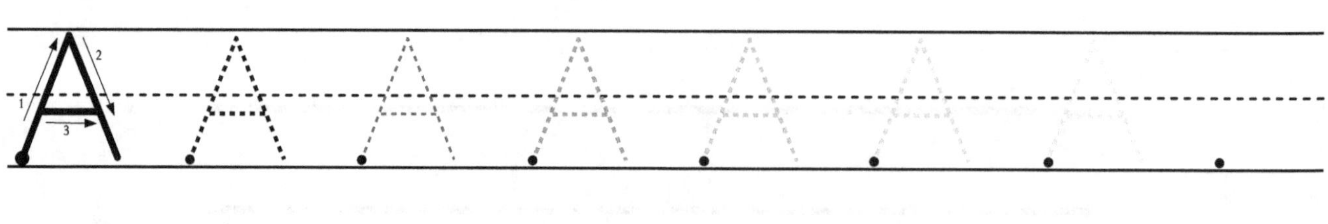

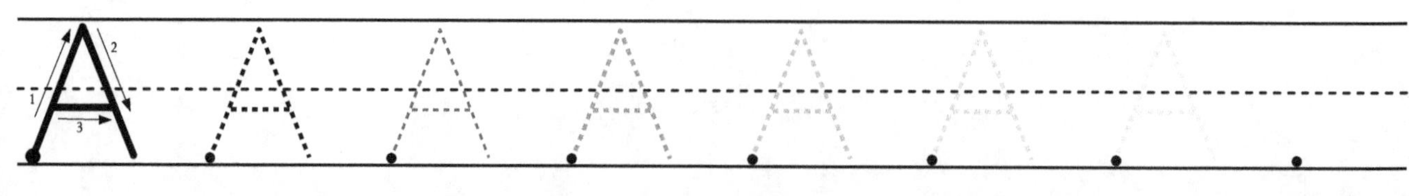

# A

# Mussaurus

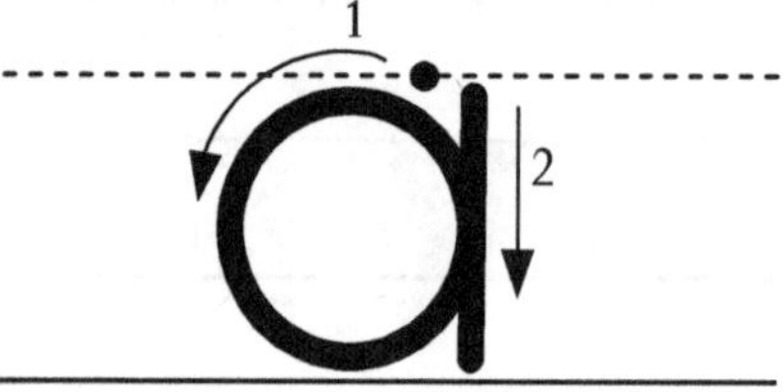

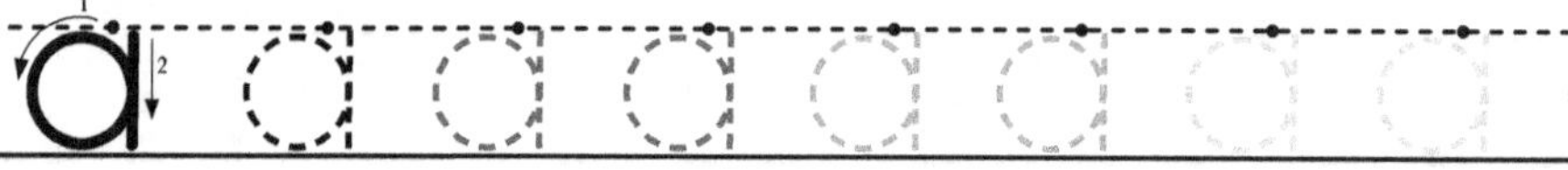

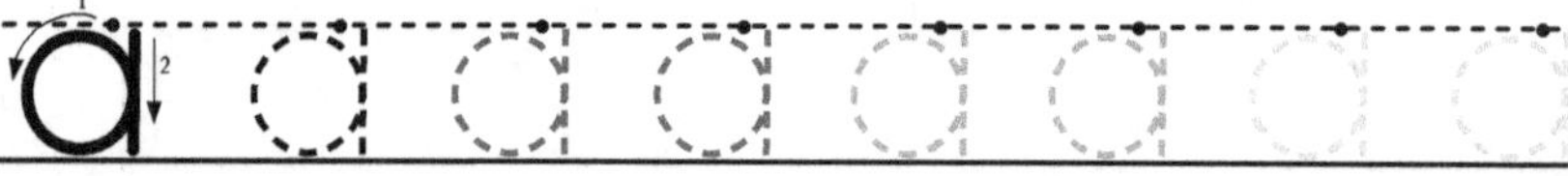

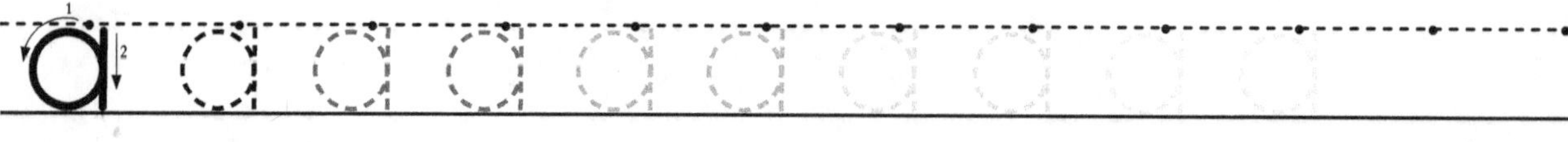

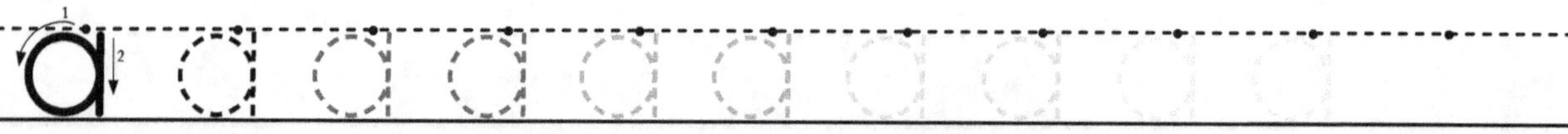

Aa Bb Cc Dd Ee Ff Gg Hh Ii Jj Kk Ll Mm Nn
Oo Pp Qq Rr Ss Tt Uu Vv Ww Xx Yy Zz

Aa **Bb** Cc Dd Ee Ff Gg Hh Ii Jj Kk Ll Mm Nn
Oo Pp Qq Rr Ss Tt Uu Vv Ww Xx Yy Zz

# **B**rachiosaurus

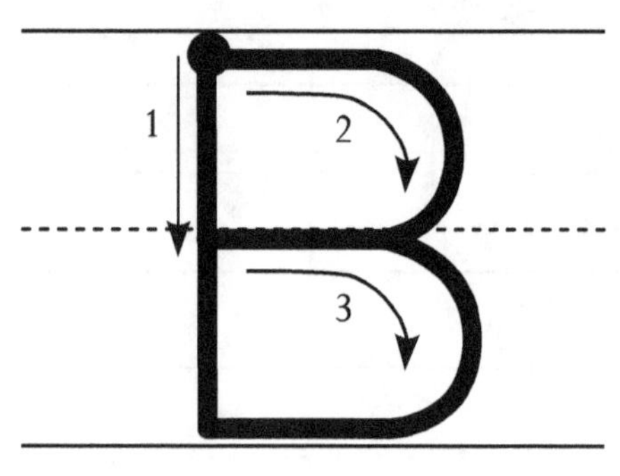

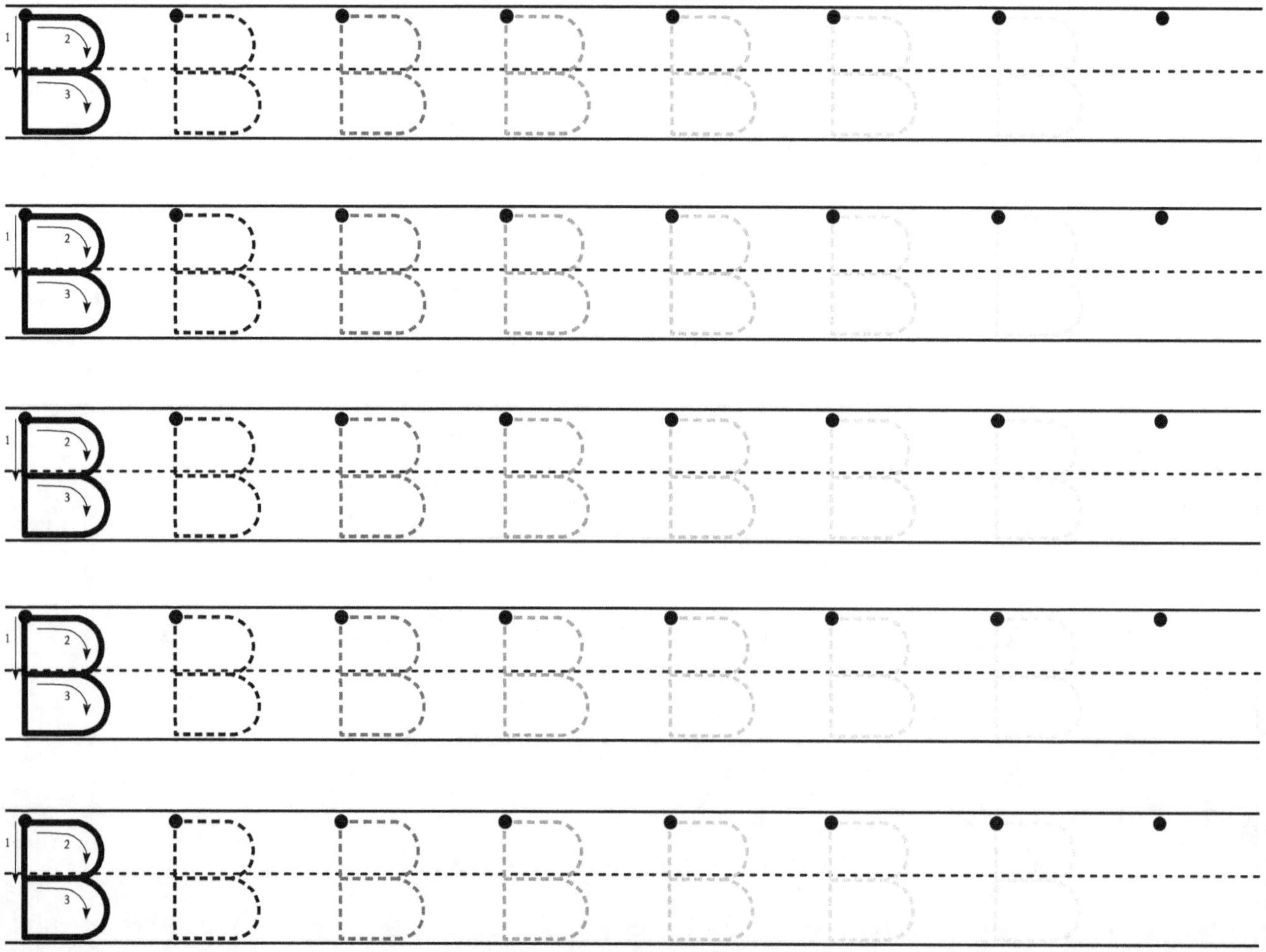

# B



B B B B B B B

# Re**b**bachisaurus

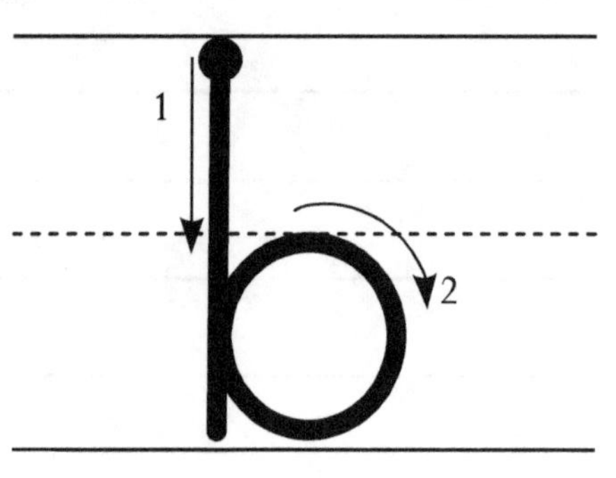

Aa <u>Bb</u> Cc Dd Ee Ff Gg Hh Ii Jj Kk Ll Mm Nn
Oo Pp Qq Rr Ss Tt Uu Vv Ww Xx Yy Zz

# Carnotaurus

Aa Bb <u>Cc</u> Dd Ee Ff Gg Hh Ii Jj Kk Ll Mm Nn
Oo Pp Qq Rr Ss Tt Uu Vv Ww Xx Yy Zz

# Dra**c**orex

Aa Bb <u>Cc</u> Dd Ee Ff Gg Hh Ii Jj Kk Ll Mm Nn
Oo Pp Qq Rr Ss Tt Uu Vv Ww Xx Yy Zz

C C C C C C C C C C C C

# **D**iplodocus

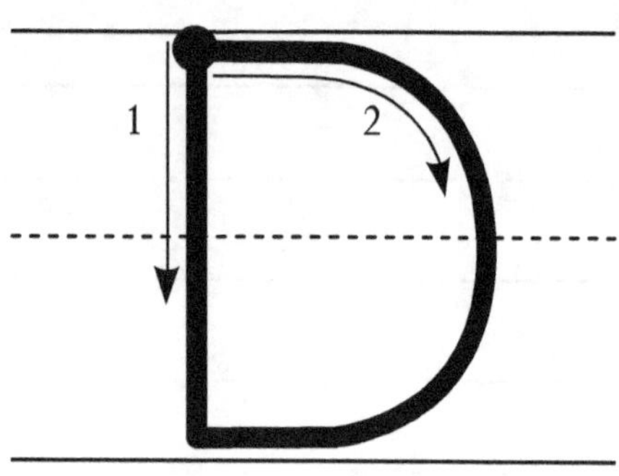

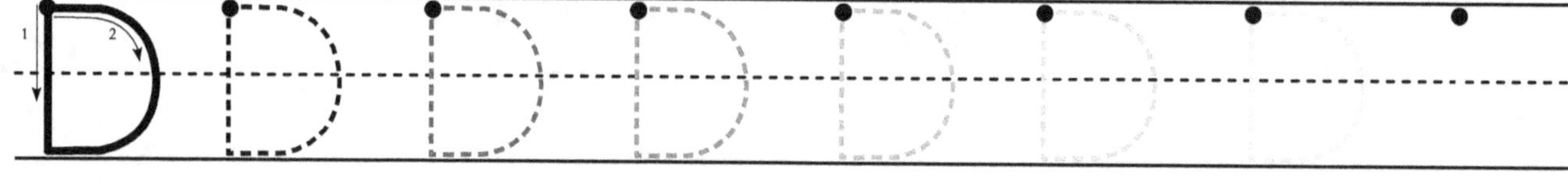

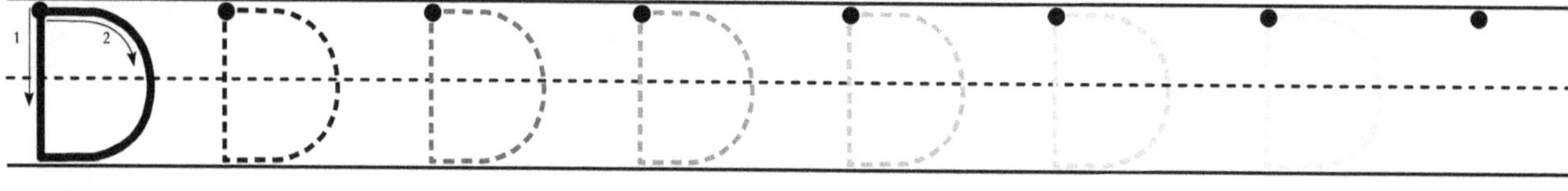

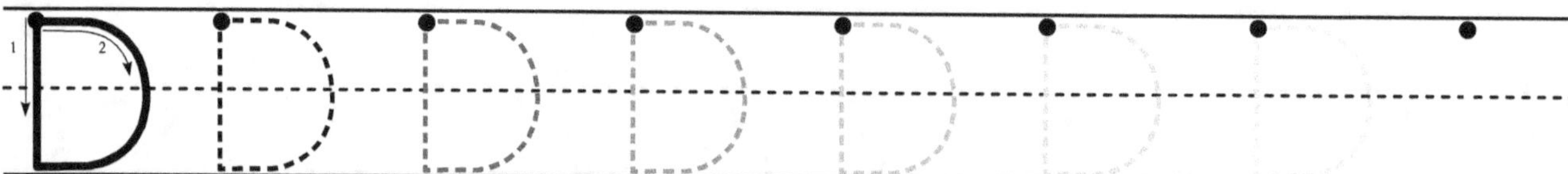

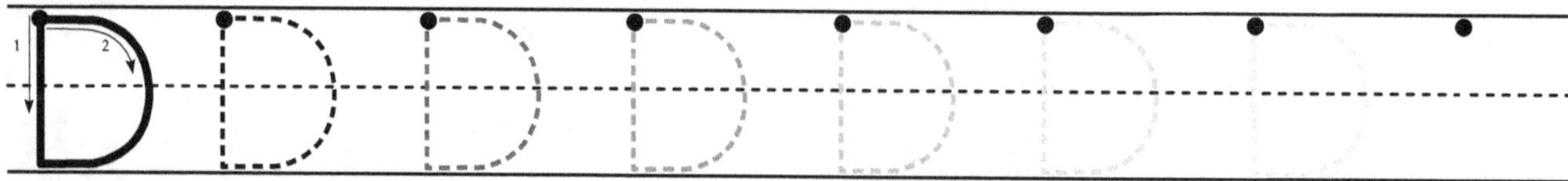

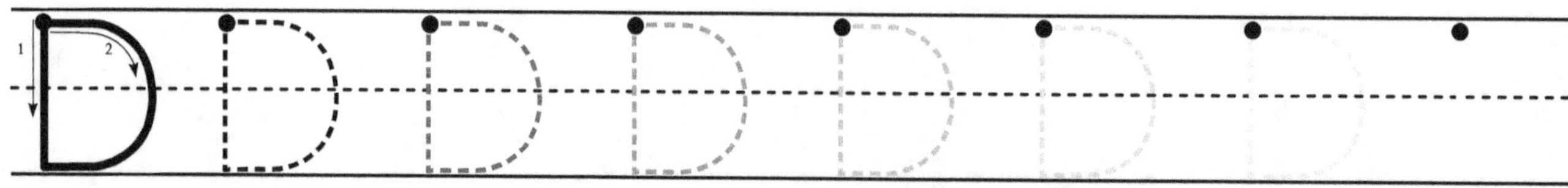

# D

# Val**d**osaurus

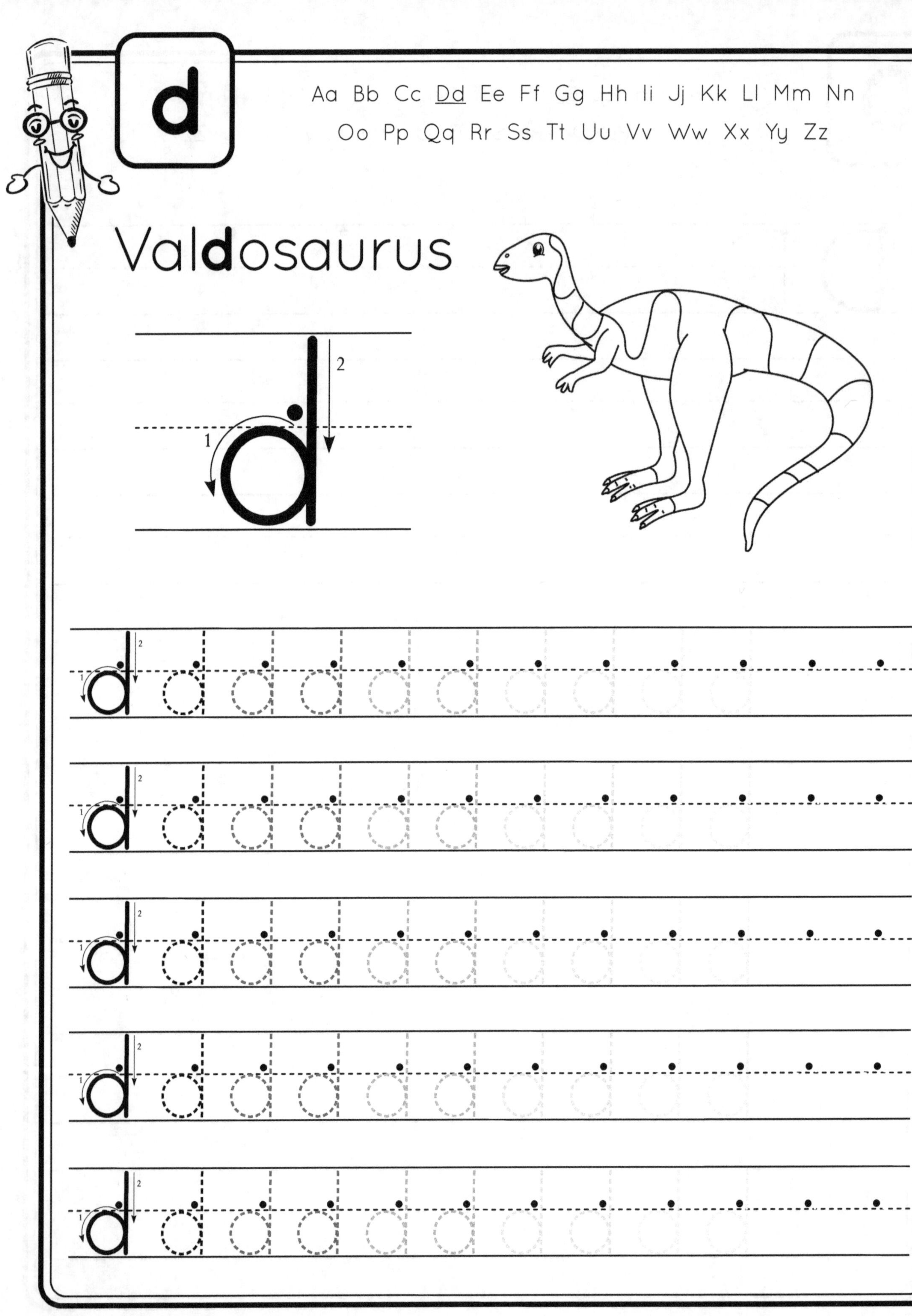

Aa Bb Cc <u>Dd</u> Ee Ff Gg Hh Ii Jj Kk Ll Mm Nn
Oo Pp Qq Rr Ss Tt Uu Vv Ww Xx Yy Zz

Aa Bb Cc Dd <u>Ee</u> Ff Gg Hh Ii Jj Kk Ll Mm Nn
Oo Pp Qq Rr Ss Tt Uu Vv Ww Xx Yy Zz

# Edmontonia

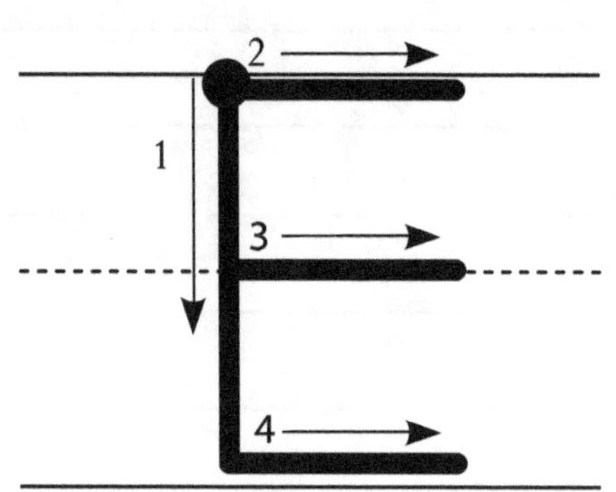

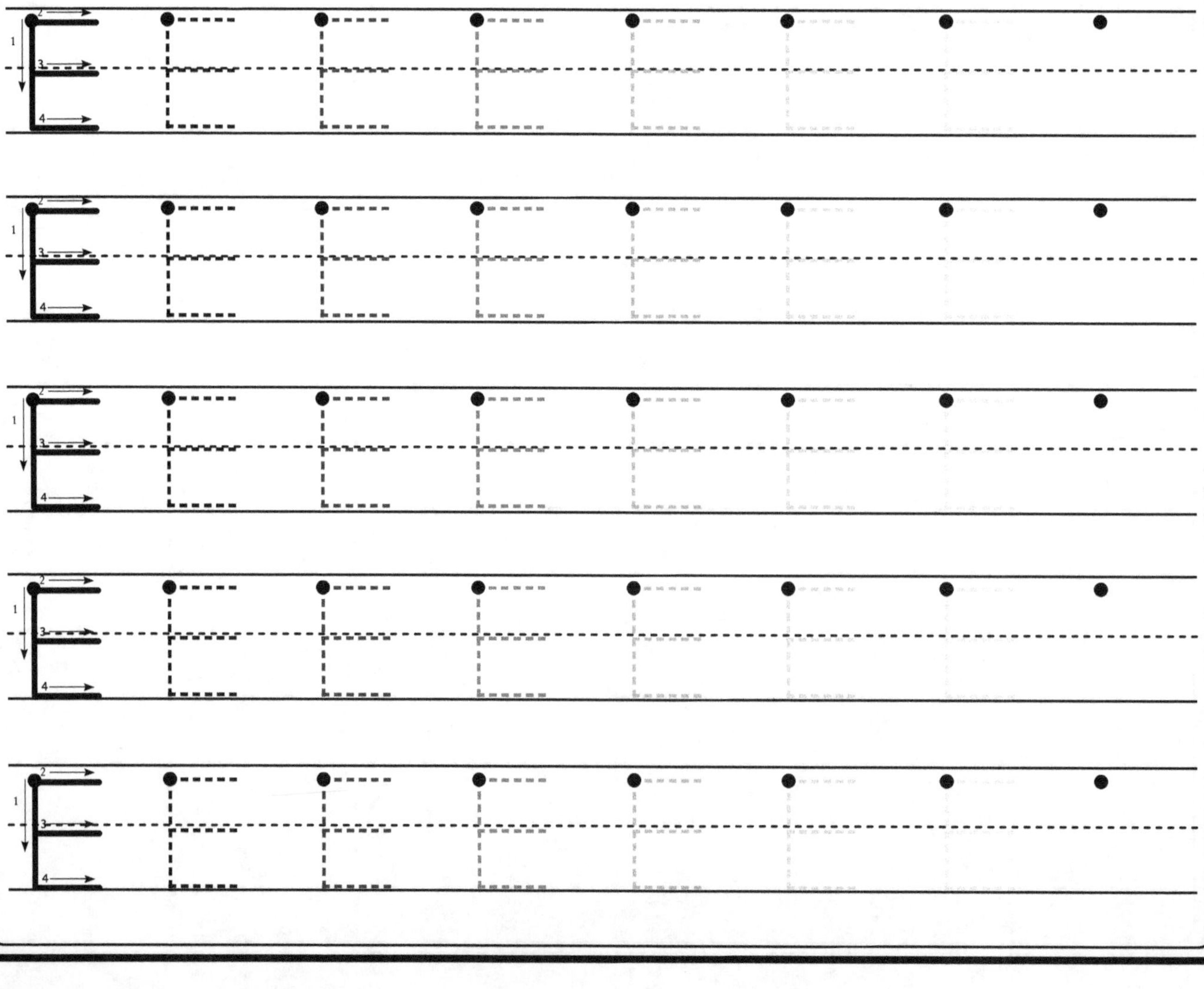

Aa Bb Cc Dd Ee Ff Gg Hh Ii Jj Kk Ll Mm Nn
Oo Pp Qq Rr Ss Tt Uu Vv Ww Xx Yy Zz

# Pachyc**e**phalosaurus

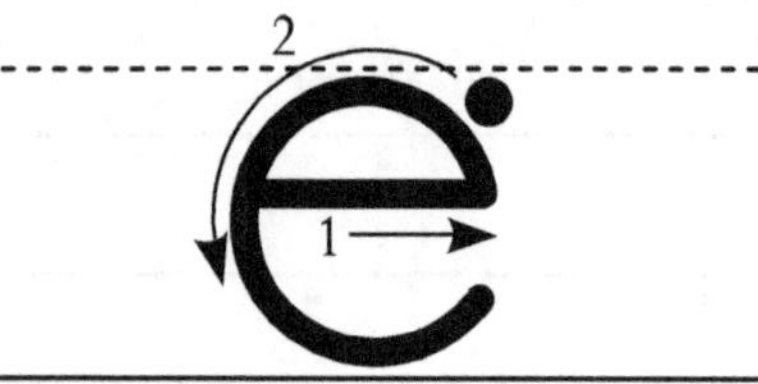

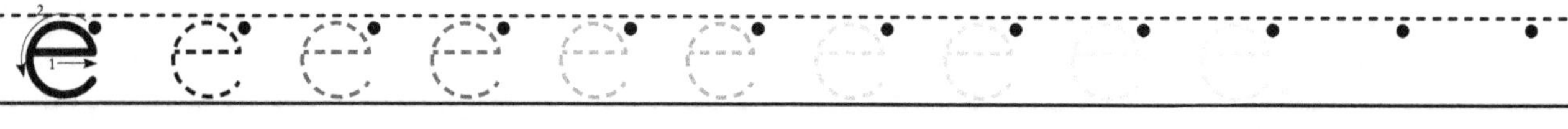

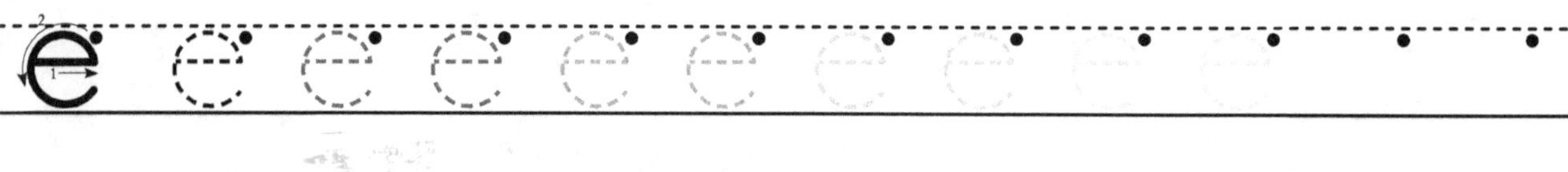

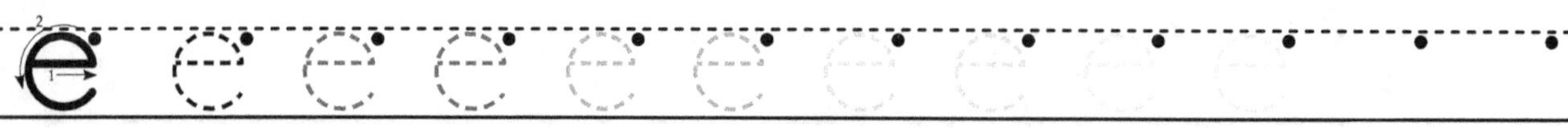

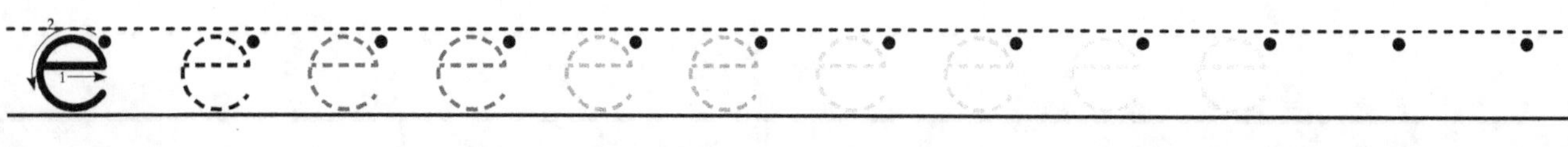

e e e e e e e e

# F

## Fukuiraptor

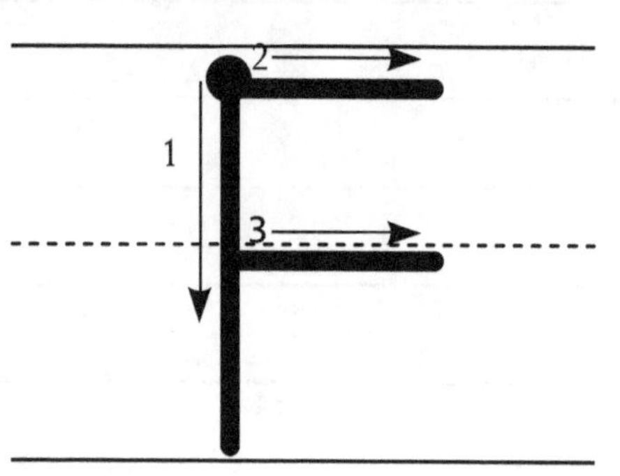

Aa Bb Cc Dd Ee _Ff_ Gg Hh Ii Jj Kk Ll Mm Nn
Oo Pp Qq Rr Ss Tt Uu Vv Ww Xx Yy Zz

f
Aa Bb Cc Dd Ee Ff Gg Hh Ii Jj Kk Ll Mm Nn
Oo Pp Qq Rr Ss Tt Uu Vv Ww Xx Yy Zz
Lufengosaurus

Aa Bb Cc Dd Ee <u>Ff</u> Gg Hh Ii Jj Kk Ll Mm Nn
Oo Pp Qq Rr Ss Tt Uu Vv Ww Xx Yy Zz

G
Aa Bb Cc Dd Ee Ff Gg Hh Ii Jj Kk Ll Mm Nn
Oo Pp Qq Rr Ss Tt Uu Vv Ww Xx Yy Zz
Gigantosaurus

Aa Bb Cc Dd Ee Ff _Gg_ Hh Ii Jj Kk Ll Mm Nn
Oo Pp Qq Rr Ss Tt Uu Vv Ww Xx Yy Zz

# Stegosaurus

g g g g g g g g

Aa Bb Cc Dd Ee Ff Gg <u>Hh</u> Ii Jj Kk Ll Mm Nn
Oo Pp Qq Rr Ss Tt Uu Vv Ww Xx Yy Zz

# Hesperosaurus

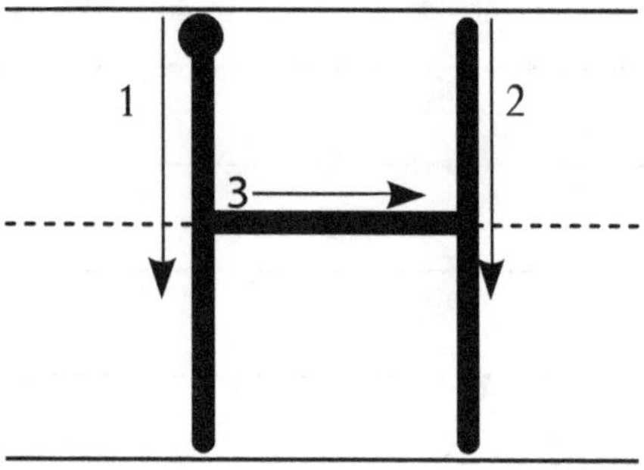

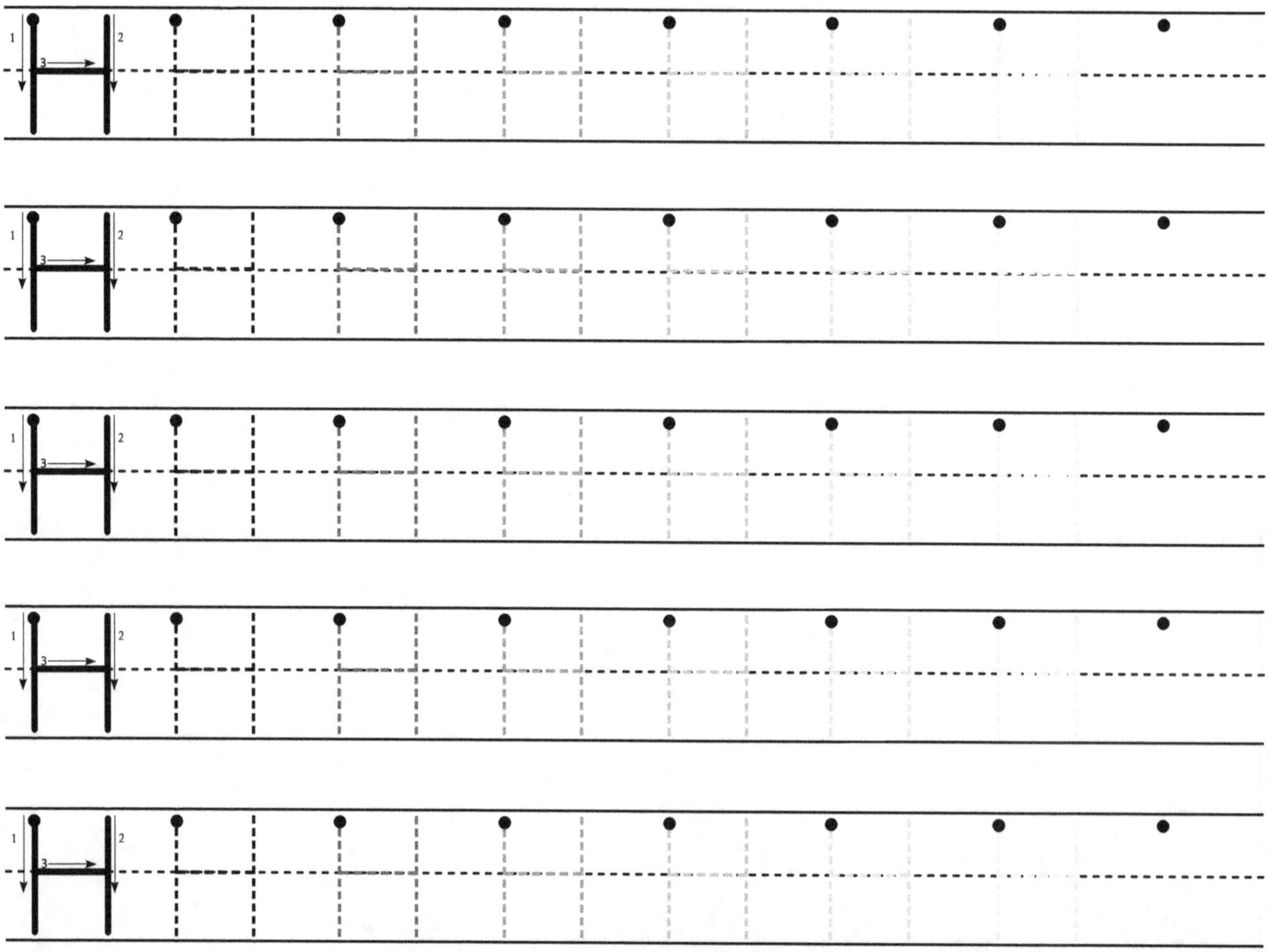

Aa Bb Cc Dd Ee Ff Gg Hh Ii Jj Kk Ll Mm Nn
Oo Pp Qq Rr Ss Tt Uu Vv Ww Xx Yy Zz

# h

Aa Bb Cc Dd Ee Ff Gg <u>Hh</u> Ii Jj Kk Ll Mm Nn
Oo Pp Qq Rr Ss Tt Uu Vv Ww Xx Yy Zz

## Dilop**h**osaurus

h h h h h h h h h h h h

h h h h h h h h h h h h

h h h h h h h h h h h h

h h h h h h h h h h h h

h h h h h h h h h h h h

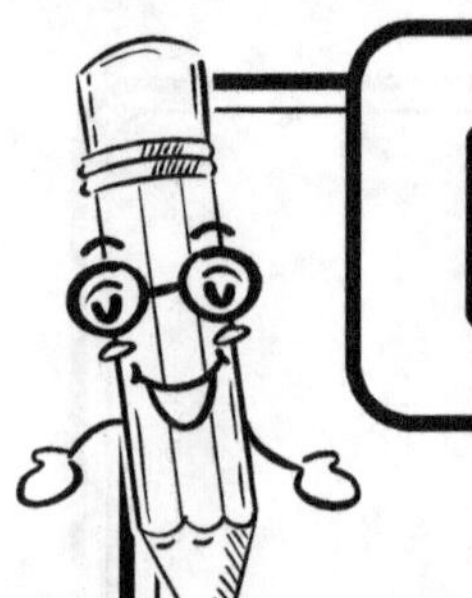

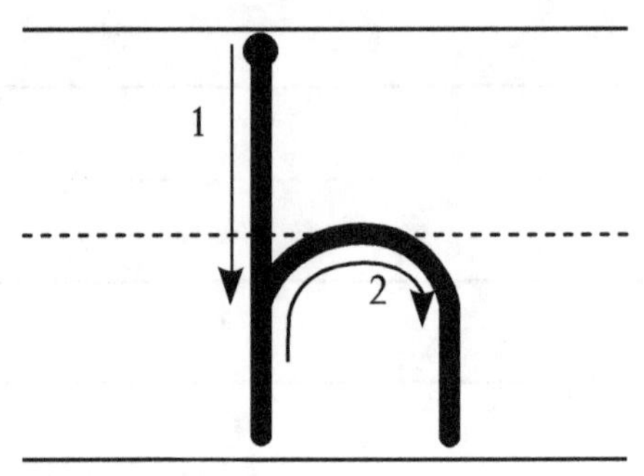

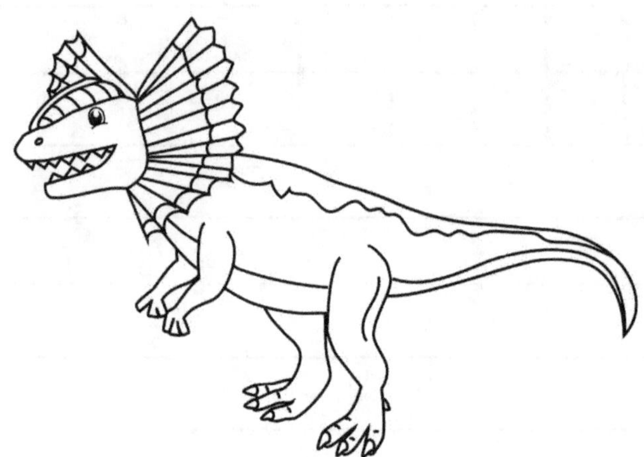

Aa Bb Cc Dd Ee Ff Gg <u>Hh</u> Ii Jj Kk Ll Mm Nn
Oo Pp Qq Rr Ss Tt Uu Vv Ww Xx Yy Zz

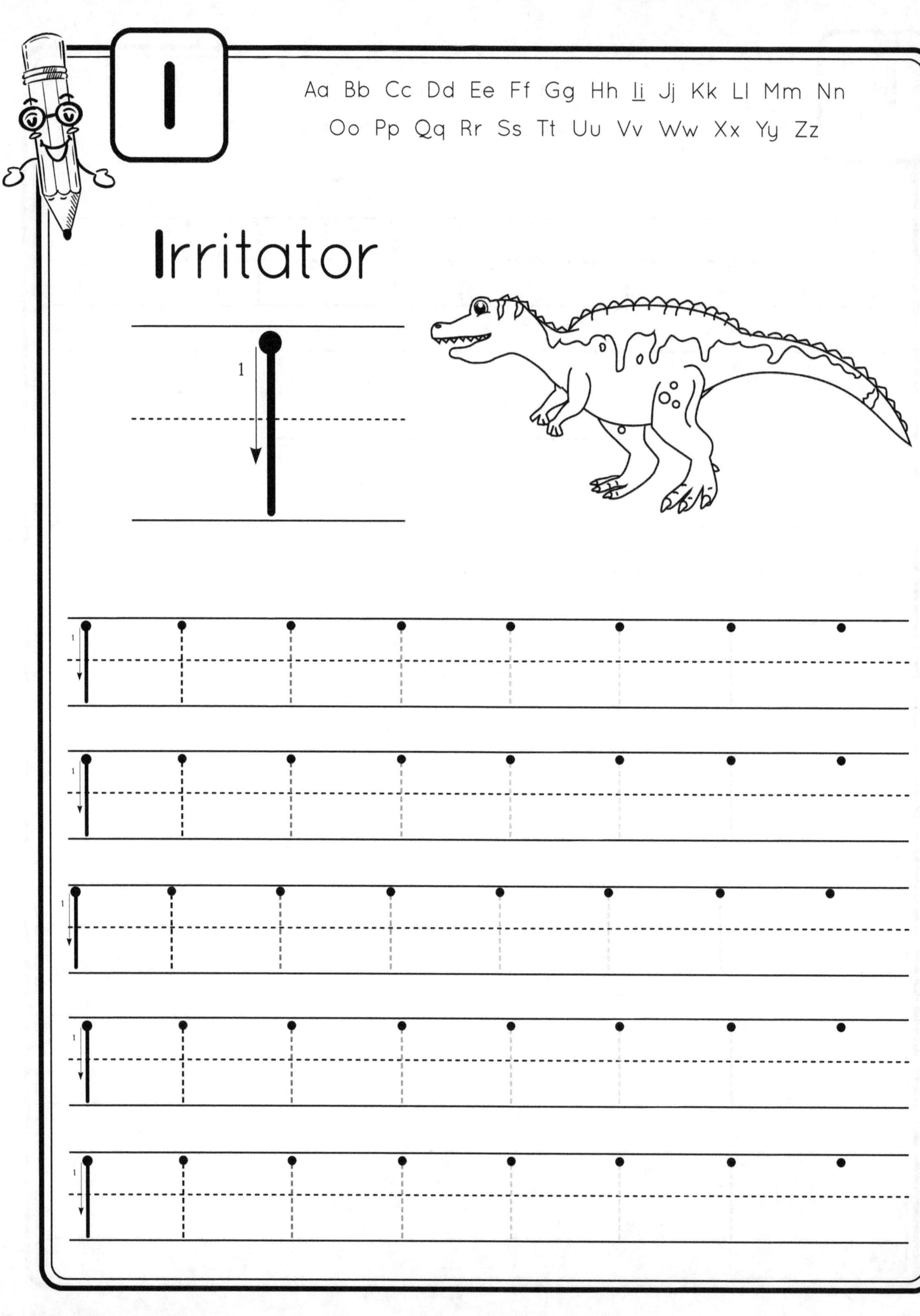
I
Aa Bb Cc Dd Ee Ff Gg Hh Ii Jj Kk Ll Mm Nn
Oo Pp Qq Rr Ss Tt Uu Vv Ww Xx Yy Zz
Irritator

Aa Bb Cc Dd Ee Ff Gg Hh <u>Ii</u> Jj Kk Ll Mm Nn
Oo Pp Qq Rr Ss Tt Uu Vv Ww Xx Yy Zz

# Coelophysis

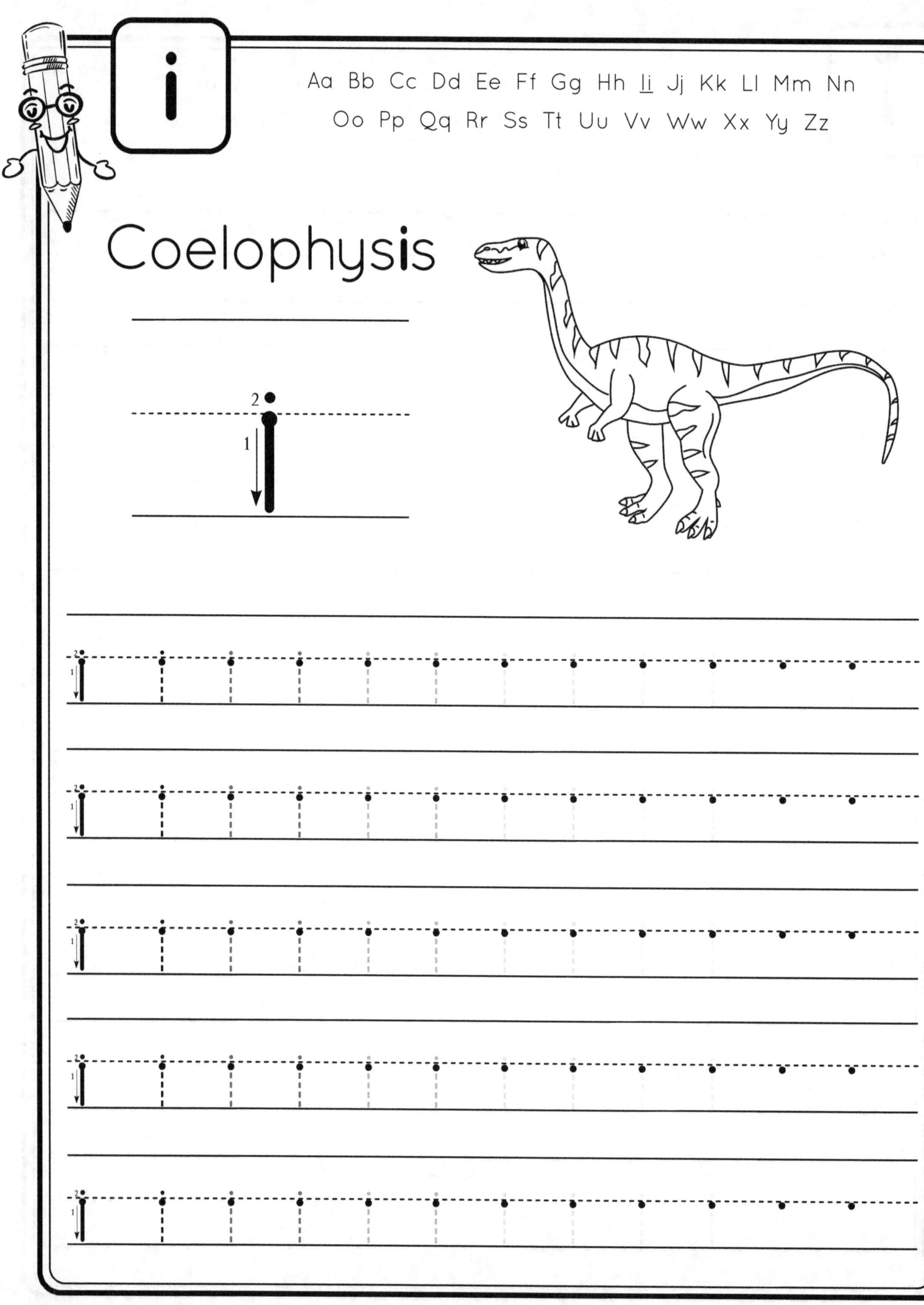

Aa Bb Cc Dd Ee Ff Gg Hh <u>Ii</u> Jj Kk Ll Mm Nn
Oo Pp Qq Rr Ss Tt Uu Vv Ww Xx Yy Zz

J
Aa Bb Cc Dd Ee Ff Gg Hh Ii Jj Kk Ll Mm Nn
Oo Pp Qq Rr Ss Tt Uu Vv Ww Xx Yy Zz
Jobaria

Aa Bb Cc Dd Ee Ff Gg Hh Ii Jj Kk Ll Mm Nn
Oo Pp Qq Rr Ss Tt Uu Vv Ww Xx Yy Zz

j
Aa Bb Cc Dd Ee Ff Gg Hh Ii Jj Kk Ll Mm Nn
Oo Pp Qq Rr Ss Tt Uu Vv Ww Xx Yy Zz

Rajasaurus

Aa Bb Cc Dd Ee Ff Gg Hh Ii Jj Kk Ll Mm Nn
Oo Pp Qq Rr Ss Tt Uu Vv Ww Xx Yy Zz

Aa Bb Cc Dd Ee Ff Gg Hh Ii Jj <u>Kk</u> Ll Mm Nn
Oo Pp Qq Rr Ss Tt Uu Vv Ww Xx Yy Z

# **K**entrosaurus

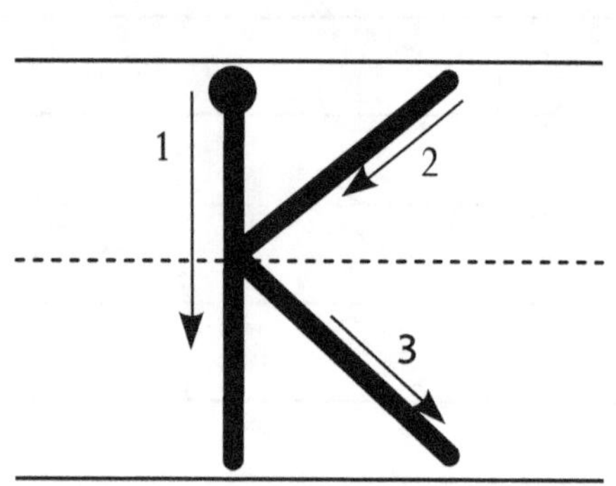

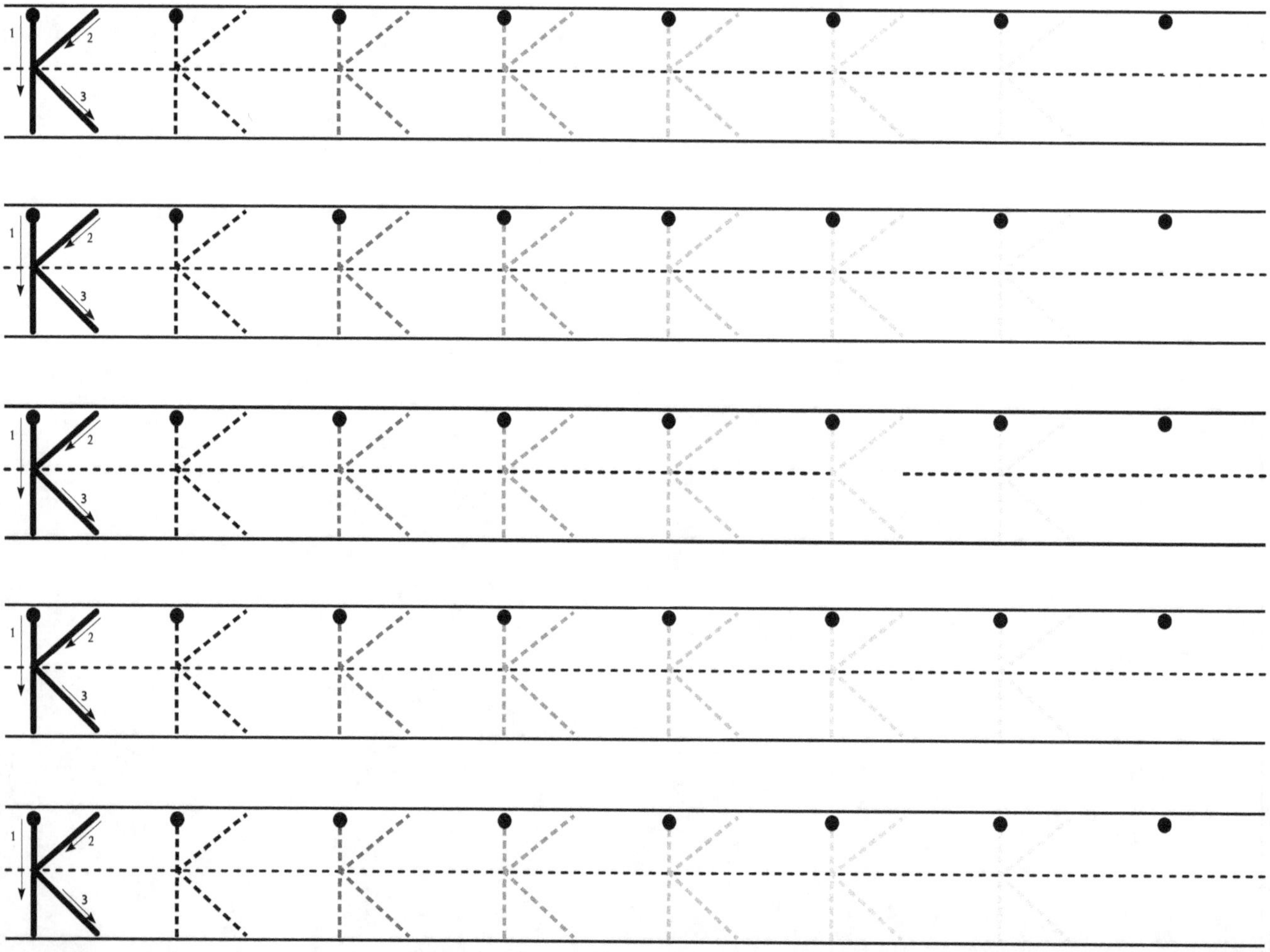

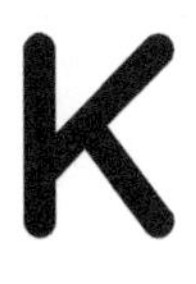



Aa Bb Cc Dd Ee Ff Gg Hh Ii Jj <u>Kk</u> Ll Mm Nn
Oo Pp Qq Rr Ss Tt Uu Vv Ww Xx Yy Zz

# k

# Stauri**k**osaurus

Aa Bb Cc Dd Ee Ff Gg Hh Ii Jj Kk Ll Mm Nn
Oo Pp Qq Rr Ss Tt Uu Vv Ww Xx Yy Zz

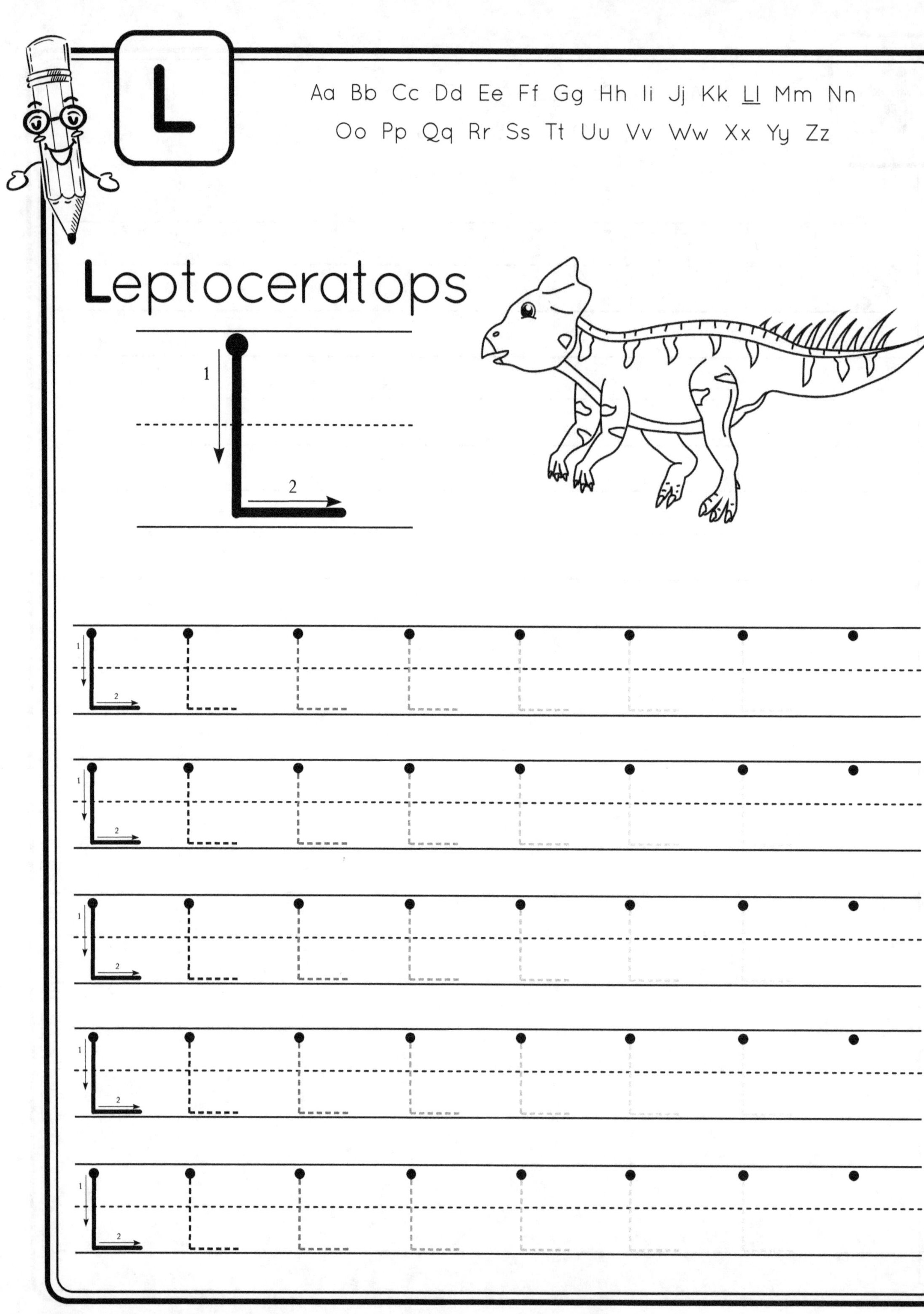

L
Aa Bb Cc Dd Ee Ff Gg Hh Ii Jj Kk Ll Mm Nn
Oo Pp Qq Rr Ss Tt Uu Vv Ww Xx Yy Zz
Leptoceratops
1
2

Aa Bb Cc Dd Ee Ff Gg Hh Ii Jj Kk <u>Ll</u> Mm Nn
Oo Pp Qq Rr Ss Tt Uu Vv Ww Xx Yy Zz

# I



## Allosaurus

Aa Bb Cc Dd Ee Ff Gg Hh Ii Jj Kk <u>Ll</u> Mm Nn
Oo Pp Qq Rr Ss Tt Uu Vv Ww Xx Yy Zz

Aa Bb Cc Dd Ee Ff Gg Hh Ii Jj Kk Ll <u>Mm</u> Nn
Oo Pp Qq Rr Ss Tt Uu Vv Ww Xx Yy Zz

# Microraptor

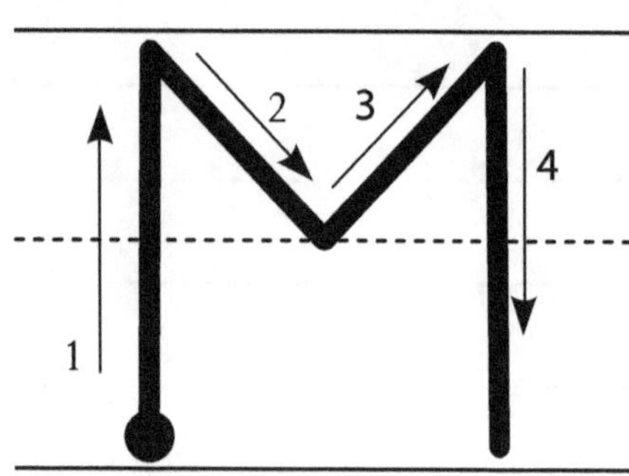

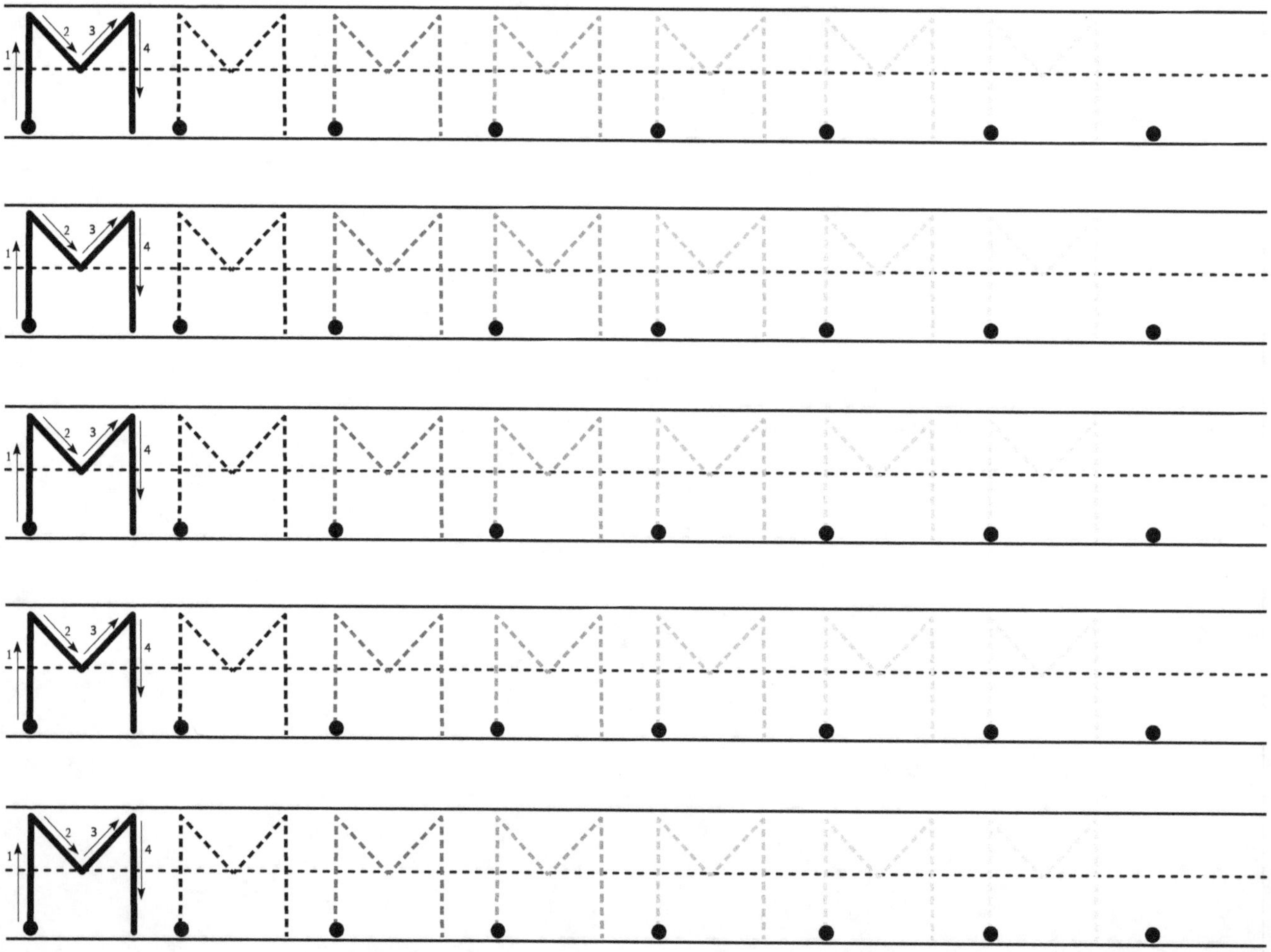

Aa Bb Cc Dd Ee Ff Gg Hh Ii Jj Kk Ll <u>Mm</u> Nn
Oo Pp Qq Rr Ss Tt Uu Vv Ww Xx Yy Zz

# Ornitho**m**imus

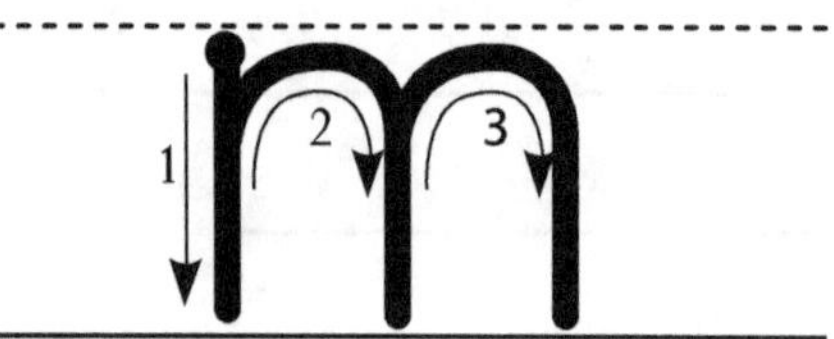

Aa Bb Cc Dd Ee Ff Gg Hh Ii Jj Kk Ll Mm Nn
Oo Pp Qq Rr Ss Tt Uu Vv Ww Xx Yy Zz

# Nedoceratops

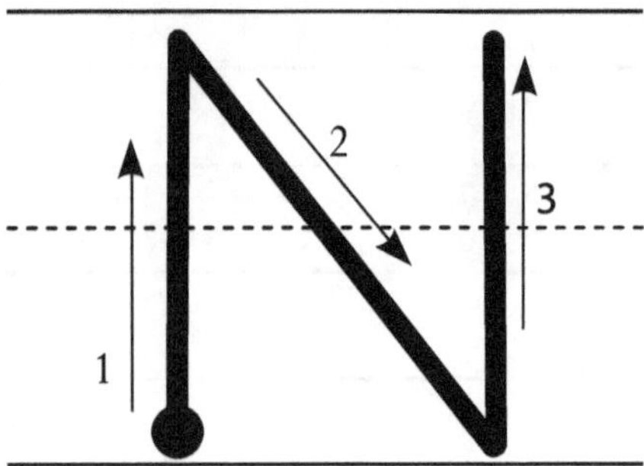

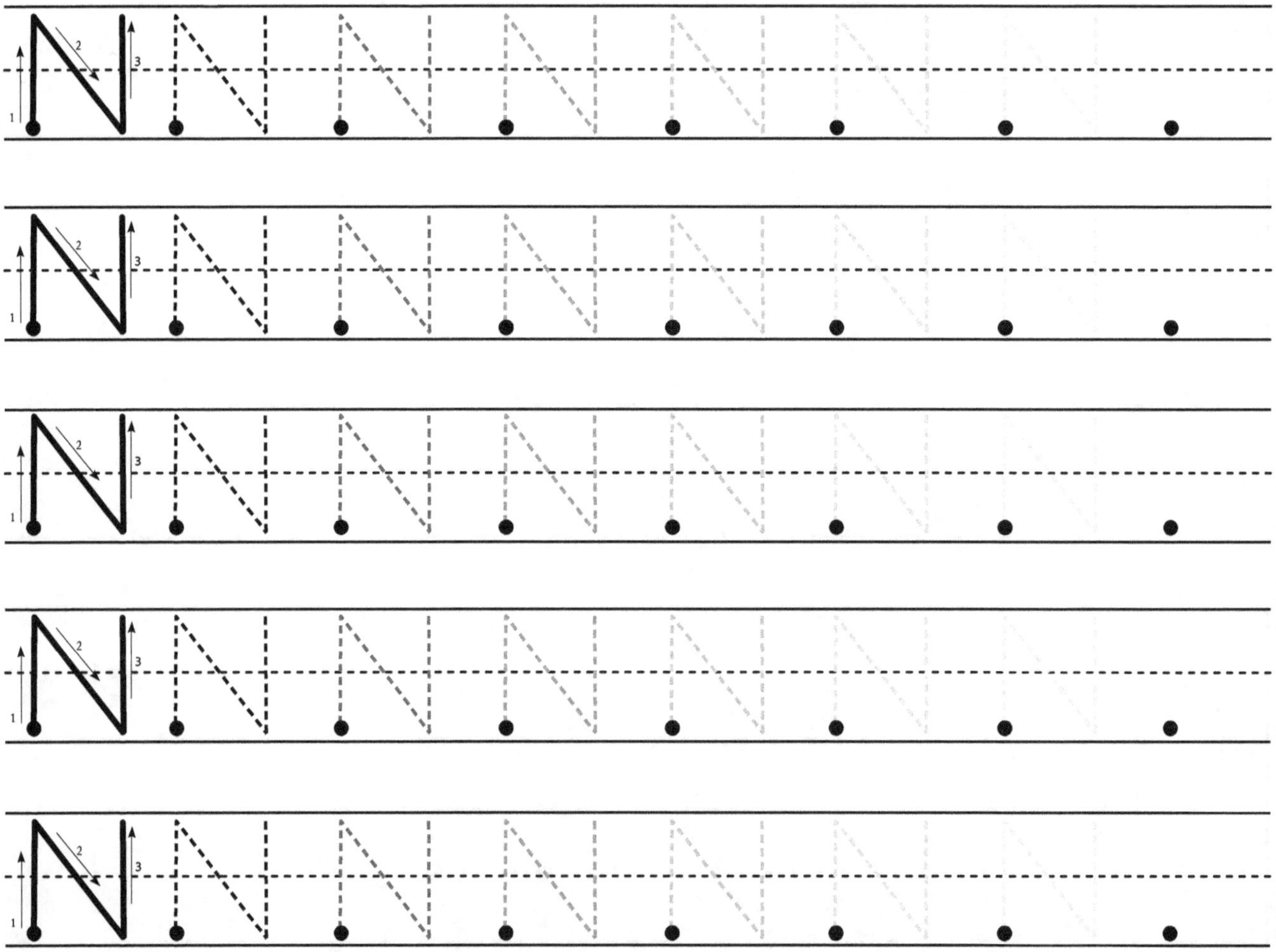

Aa Bb Cc Dd Ee Ff Gg Hh Ii Jj Kk Ll Mm Nn
Oo Pp Qq Rr Ss Tt Uu Vv Ww Xx Yy Zz

Aa Bb Cc Dd Ee Ff Gg Hh Ii Jj Kk Ll Mm <u>Nn</u>
Oo Pp Qq Rr Ss Tt Uu Vv Ww Xx Yy Zz

# Spi**n**osaurus

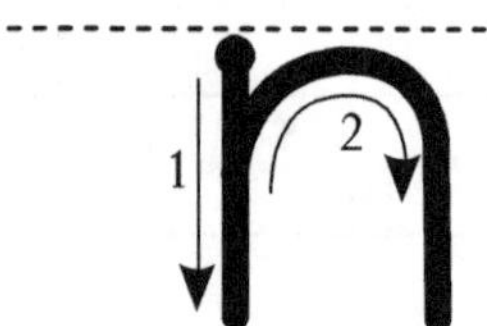

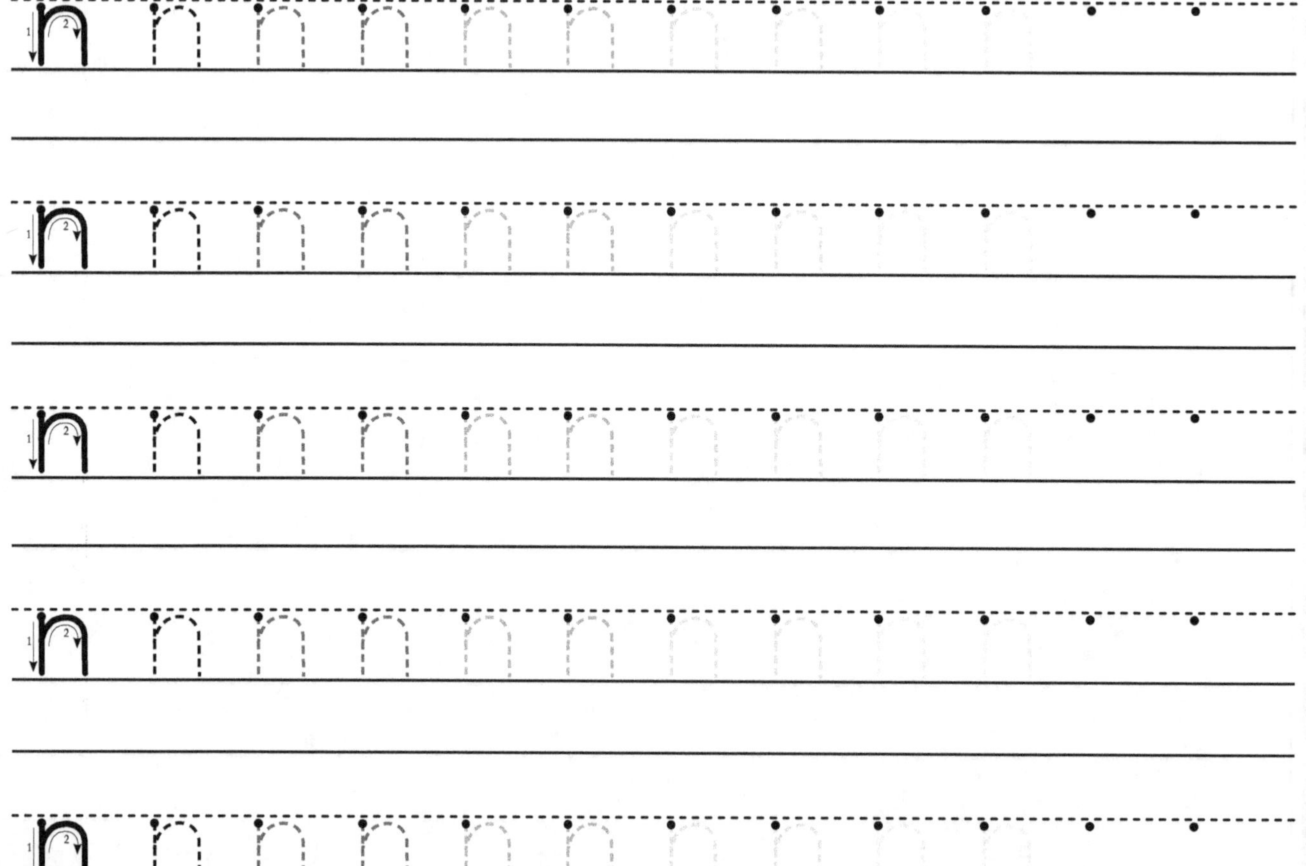

n
Aa Bb Cc Dd Ee Ff Gg Hh Ii Jj Kk Ll Mm Nn
Oo Pp Qq Rr Ss Tt Uu Vv Ww Xx Yy Zz

O
Aa Bb Cc Dd Ee Ff Gg Hh Ii Jj Kk Ll Mm Nn
Oo Pp Qq Rr Ss Tt Uu Vv Ww Xx Yy Zz
Oviraptor
1

Aa Bb Cc Dd Ee Ff Gg Hh Ii Jj Kk Ll Mm Nn
Oo Pp Qq Rr Ss Tt Uu Vv Ww Xx Yy Zz

O
Aa Bb Cc Dd Ee Ff Gg Hh Ii Jj Kk Ll Mm Nn
Oo Pp Qq Rr Ss Tt Uu Vv Ww Xx Yy Zz
Triceratops

Aa Bb Cc Dd Ee Ff Gg Hh Ii Jj Kk Ll Mm Nn
Oo Pp Qq Rr Ss Tt Uu Vv Ww Xx Yy Zz

Aa Bb Cc Dd Ee Ff Gg Hh Ii Jj Kk Ll Mm Nn
Oo <u>Pp</u> Qq Rr Ss Tt Uu Vv Ww Xx Yy Zz

# **P**terodactylus

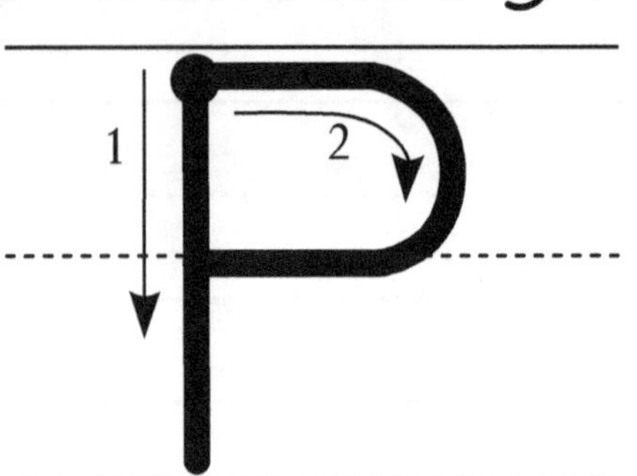

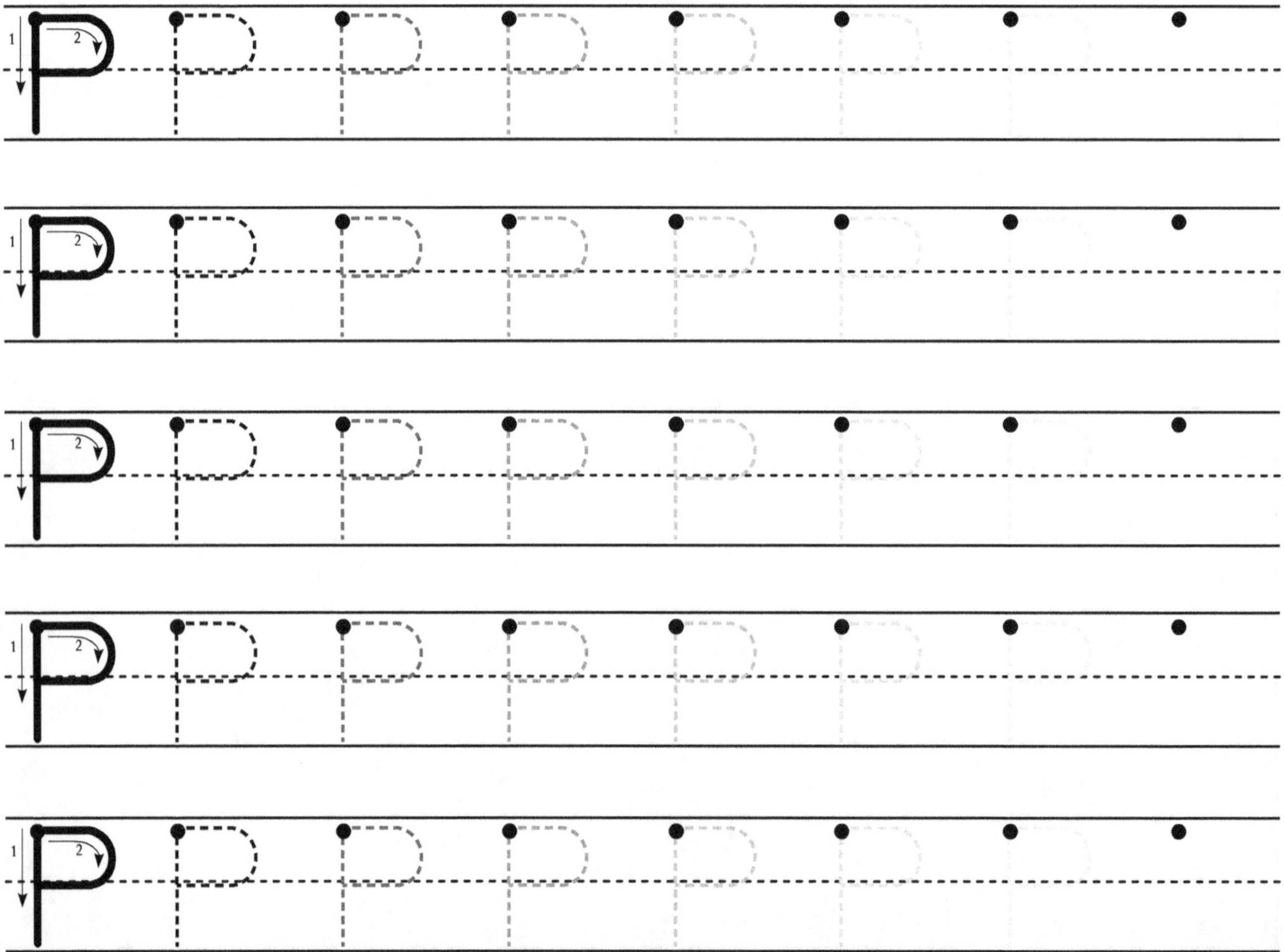

P

Aa Bb Cc Dd Ee Ff Gg Hh Ii Jj Kk Ll Mm Nn
Oo Pp Qq Rr Ss Tt Uu Vv Ww Xx Yy Zz

p
Aa Bb Cc Dd Ee Ff Gg Hh Ii Jj Kk Ll Mm Nn
Oo Pp Qq Rr Ss Tt Uu Vv Ww Xx Yy Zz
Barapasaurus

Aa Bb Cc Dd Ee Ff Gg Hh Ii Jj Kk Ll Mm Nn
Oo Pp Qq Rr Ss Tt Uu Vv Ww Xx Yy Zz

Aa Bb Cc Dd Ee Ff Gg Hh Ii Jj Kk Ll Mm Nn
Oo Pp <u>Qq</u> Rr Ss Tt Uu Vv Ww Xx Yy Zz

# Qantassaurus

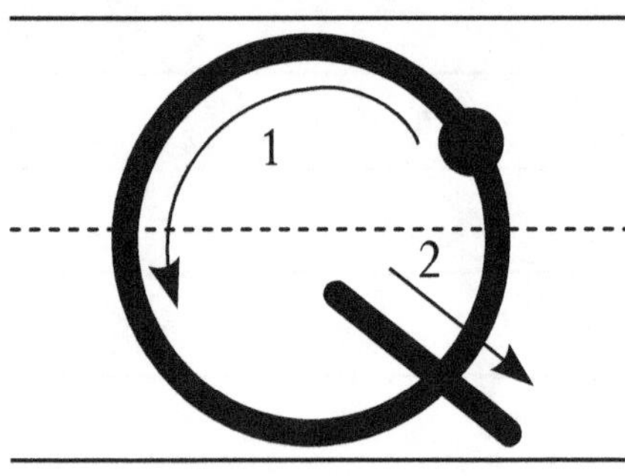

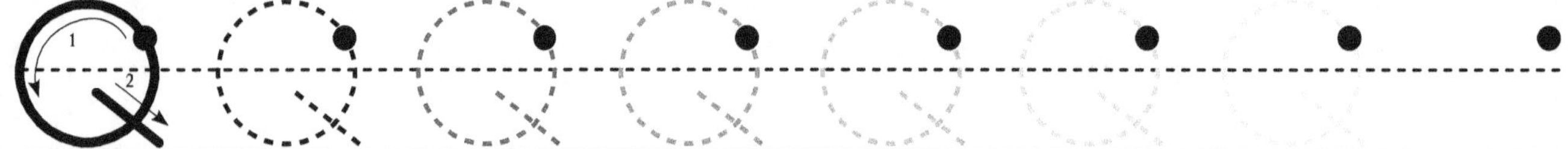

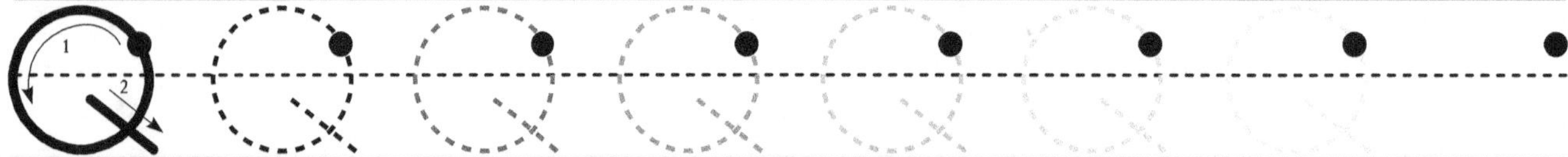

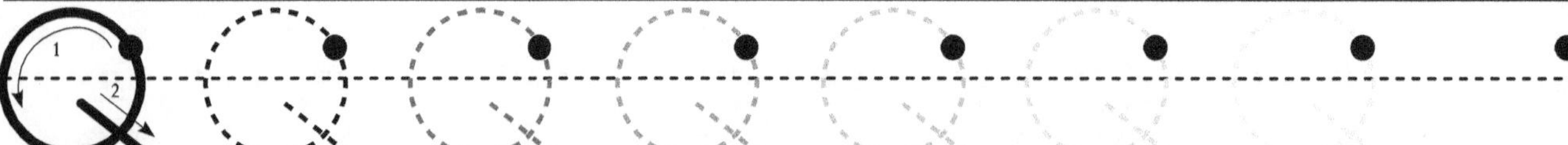

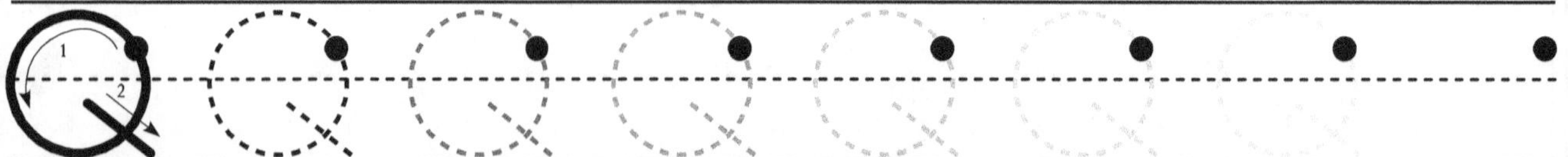

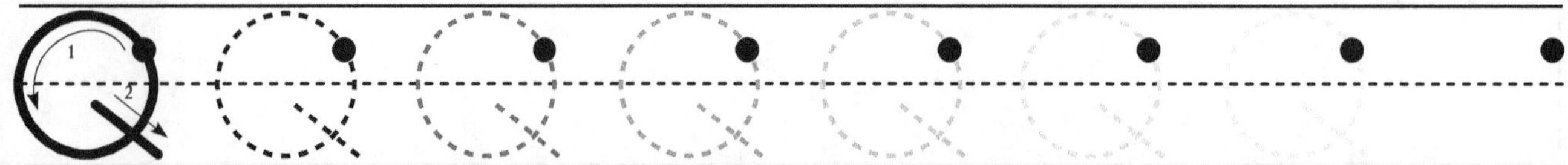

Aa Bb Cc Dd Ee Ff Gg Hh Ii Jj Kk Ll Mm Nn
Oo Pp Qq Rr Ss Tt Uu Vv Ww Xx Yy Zz

# Neu**q**uensaurus

Aa Bb Cc Dd Ee Ff Gg Hh Ii Jj Kk Ll Mm Nn
Oo Pp Qq Rr Ss Tt Uu Vv Ww Xx Yy Zz

Aa Bb Cc Dd Ee Ff Gg Hh Ii Jj Kk Ll Mm Nn
Oo Pp Qq <u>Rr</u> Ss Tt Uu Vv Ww Xx Yy Zz

# Rugops

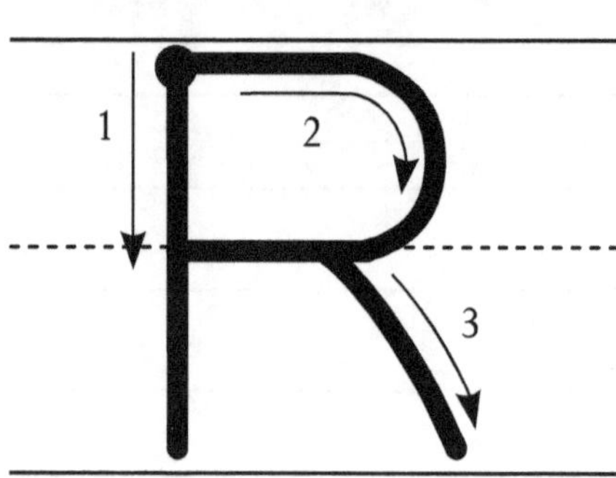

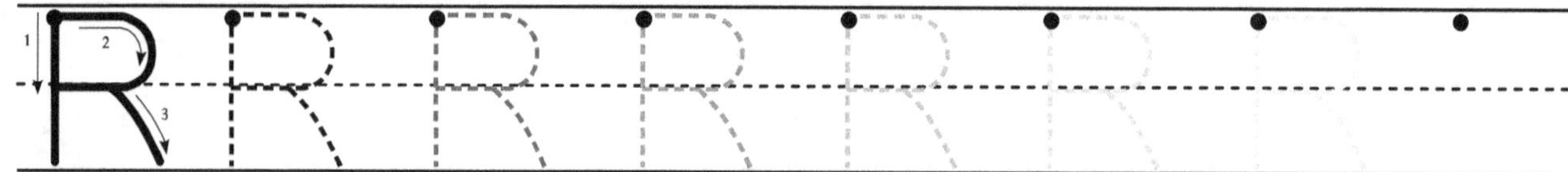

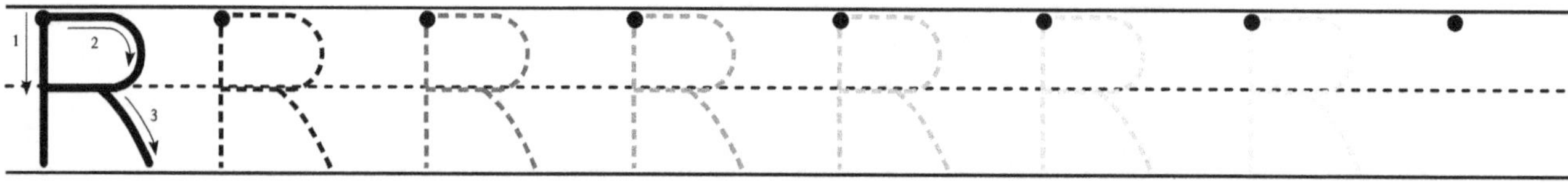

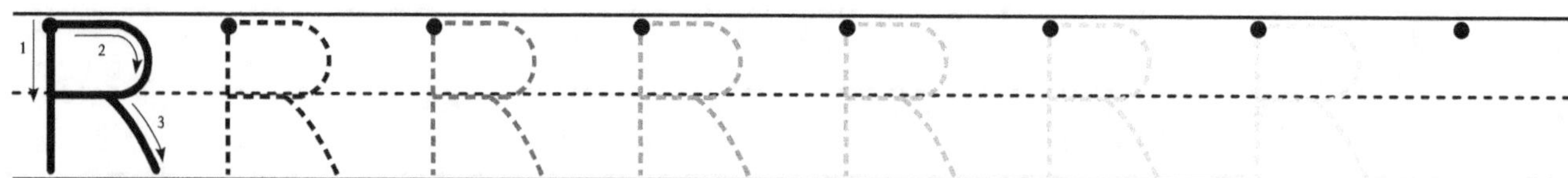

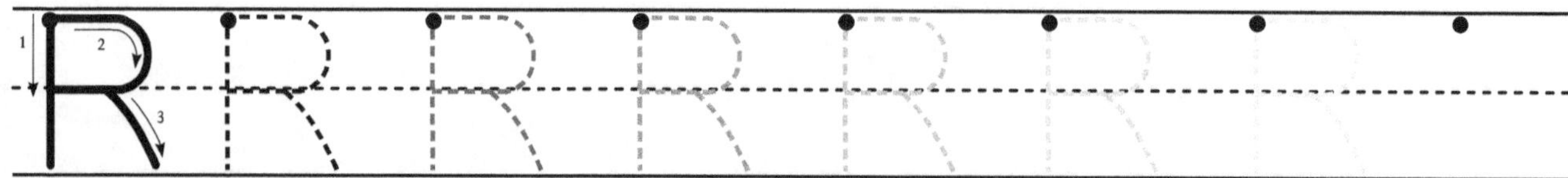

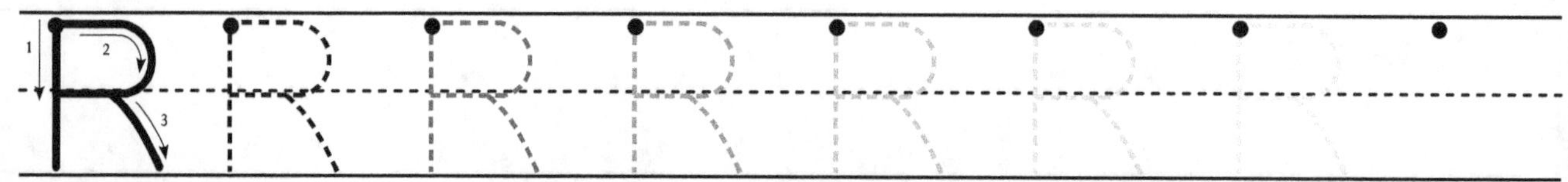

Aa Bb Cc Dd Ee Ff Gg Hh Ii Jj Kk Ll Mm Nn
Oo Pp Qq Rr Ss Tt Uu Vv Ww Xx Yy Zz

# r



## Pte**r**anodon

# r

Aa Bb Cc Dd Ee Ff Gg Hh Ii Jj Kk Ll Mm Nn
Oo Pp Qq Rr <u>Ss</u> Tt Uu Vv Ww Xx Yy Zz

# Shamosaurus

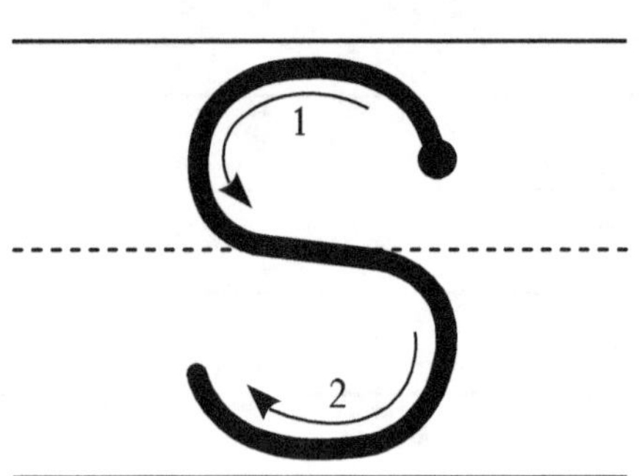

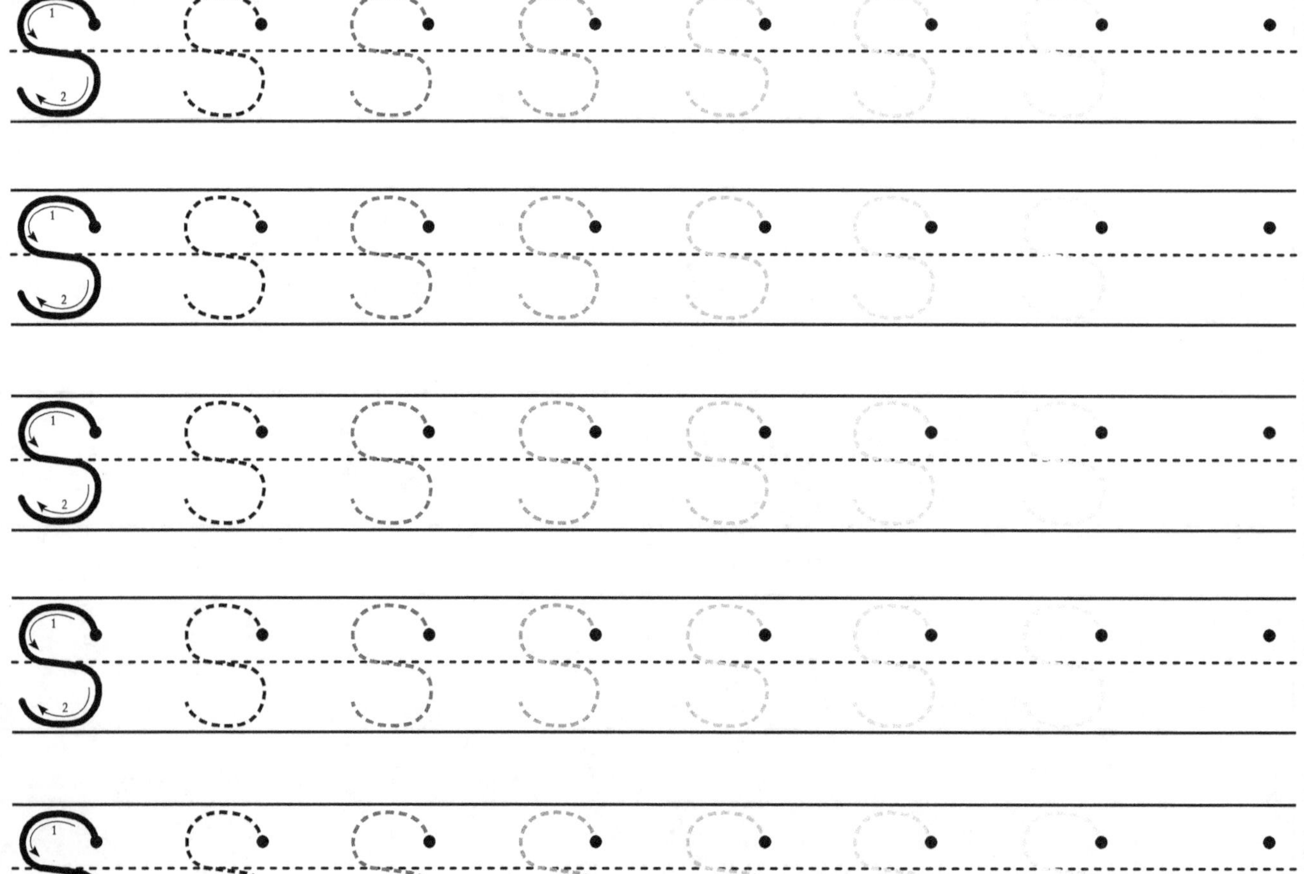

S

Aa Bb Cc Dd Ee Ff Gg Hh Ii Jj Kk Ll Mm Nn Oo Pp
Qq Rr <u>Ss</u> Tt Uu Vv Ww Xx Yy Zz Ää Öö Üü ß

# P**s**ittacosaurus

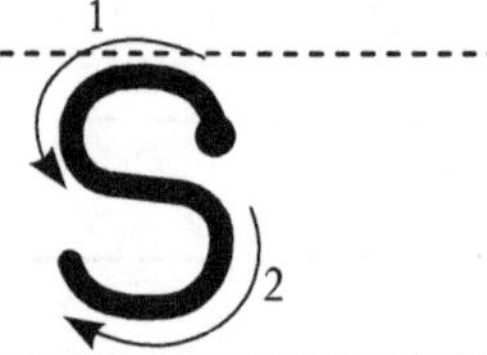

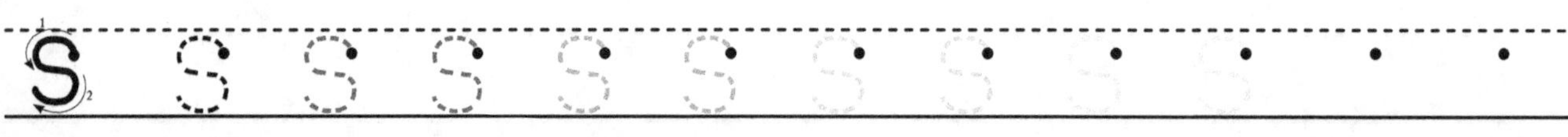

S

Aa Bb Cc Dd Ee Ff Gg Hh Ii Jj Kk Ll Mm Nn Oo Pp
Qq Rr <u>Ss</u> Tt Uu Vv Ww Xx Yy Zz Ää Öö Üü ß

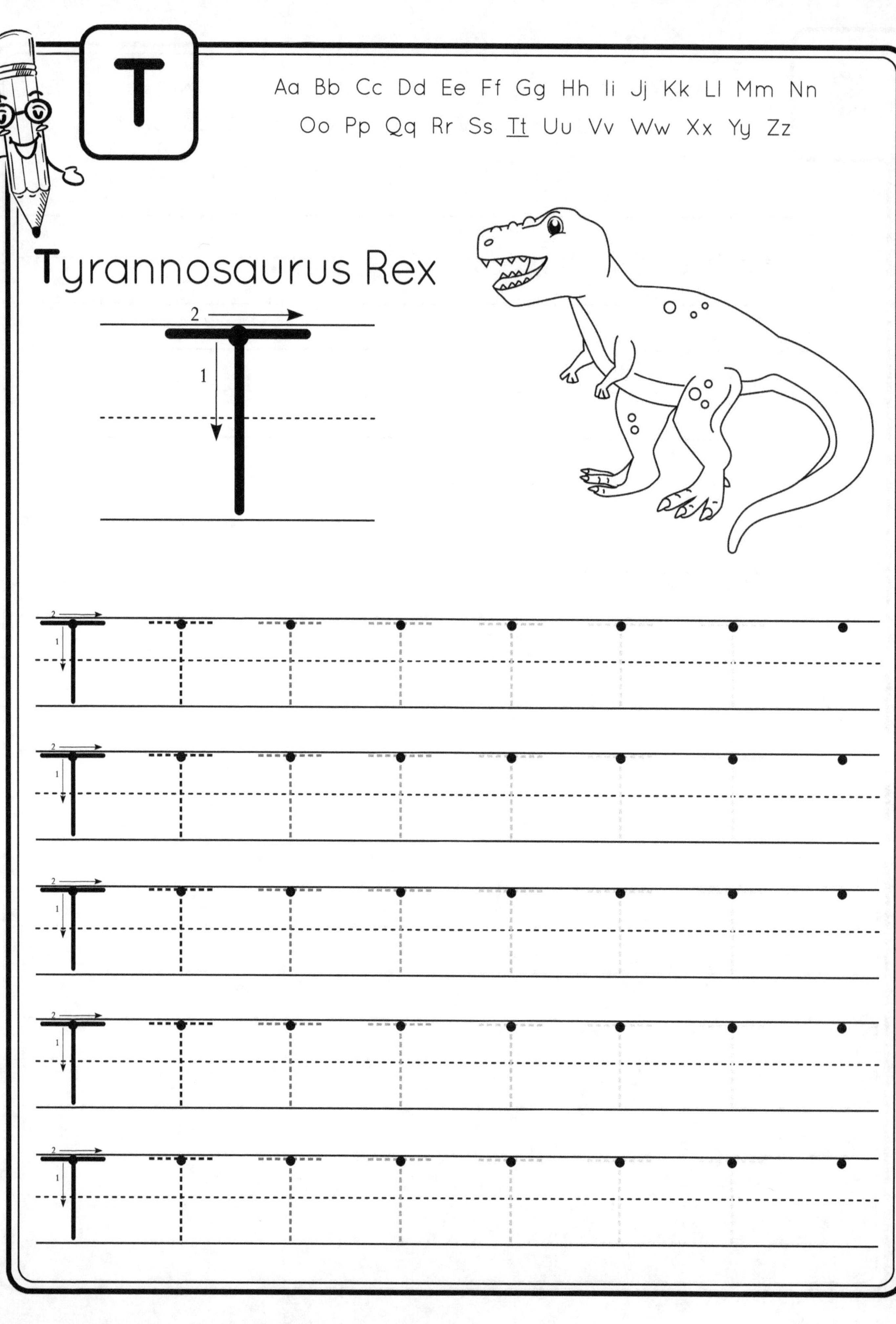


T

Aa Bb Cc Dd Ee Ff Gg Hh Ii Jj Kk Ll Mm Nn
Oo Pp Qq Rr Ss Tt Uu Vv Ww Xx Yy Zz

Tyrannosaurus Rex

2
1

Aa Bb Cc Dd Ee Ff Gg Hh Ii Jj Kk Ll Mm Nn
Oo Pp Qq Rr Ss <u>Tt</u> Uu Vv Ww Xx Yy Zz

# Pos**t**osuchus

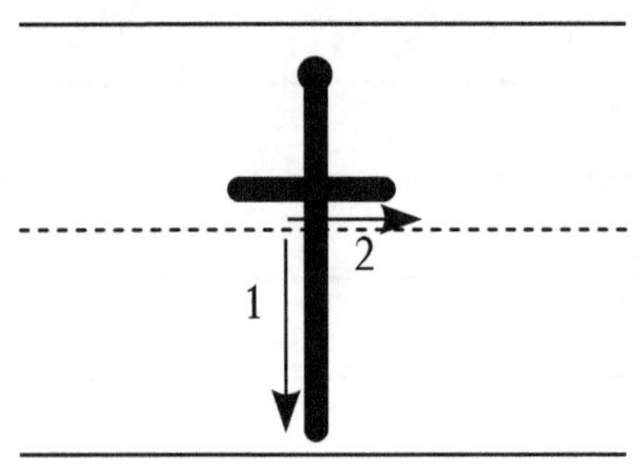

Aa Bb Cc Dd Ee Ff Gg Hh Ii Jj Kk Ll Mm Nn
Oo Pp Qq Rr Ss <u>Tt</u> Uu Vv Ww Xx Yy Zz

# U

## Utahraptor

Aa Bb Cc Dd Ee Ff Gg Hh Ii Jj Kk Ll Mm Nn
Oo Pp Qq Rr Ss Tt Uu Vv Ww Xx Yy Zz

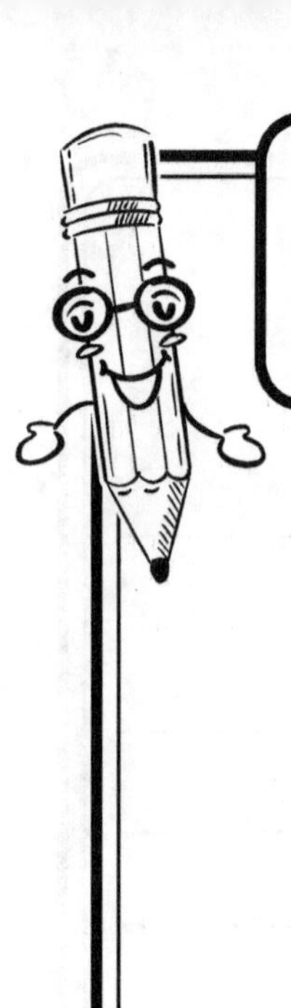



# Ag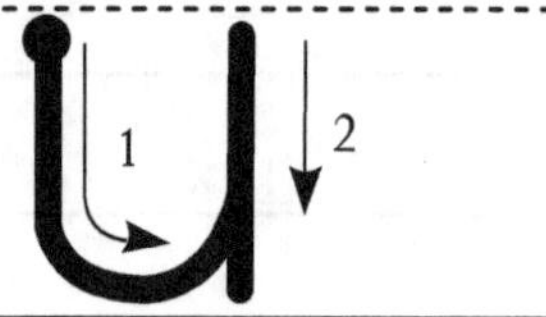stinia

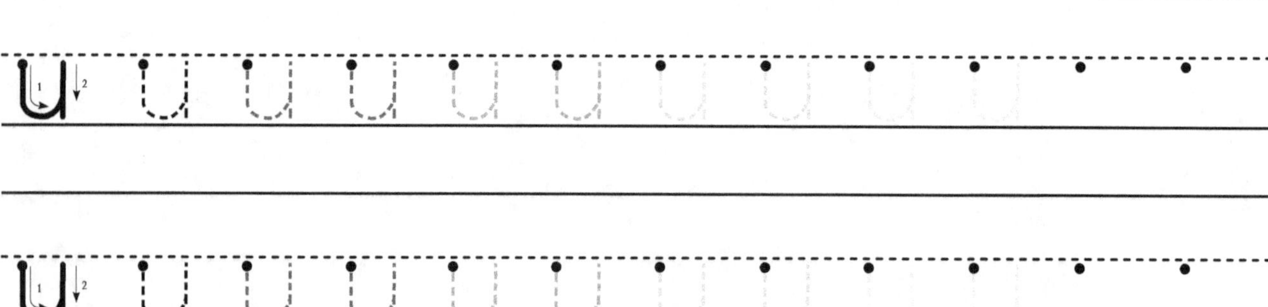

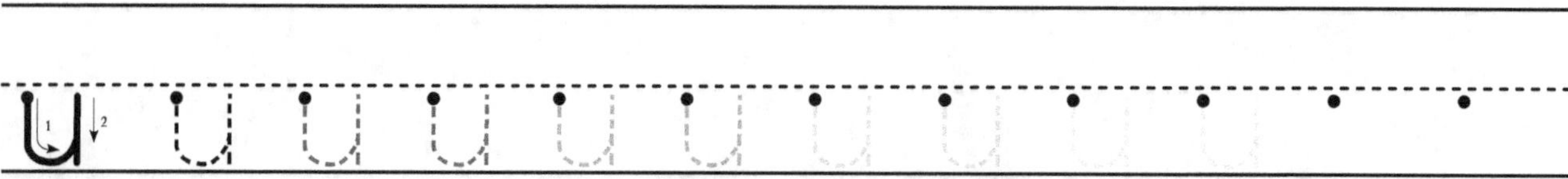

Aa Bb Cc Dd Ee Ff Gg Hh Ii Jj Kk Ll Mm Nn
Oo Pp Qq Rr Ss Tt Uu Vv Ww Xx Yy Zz

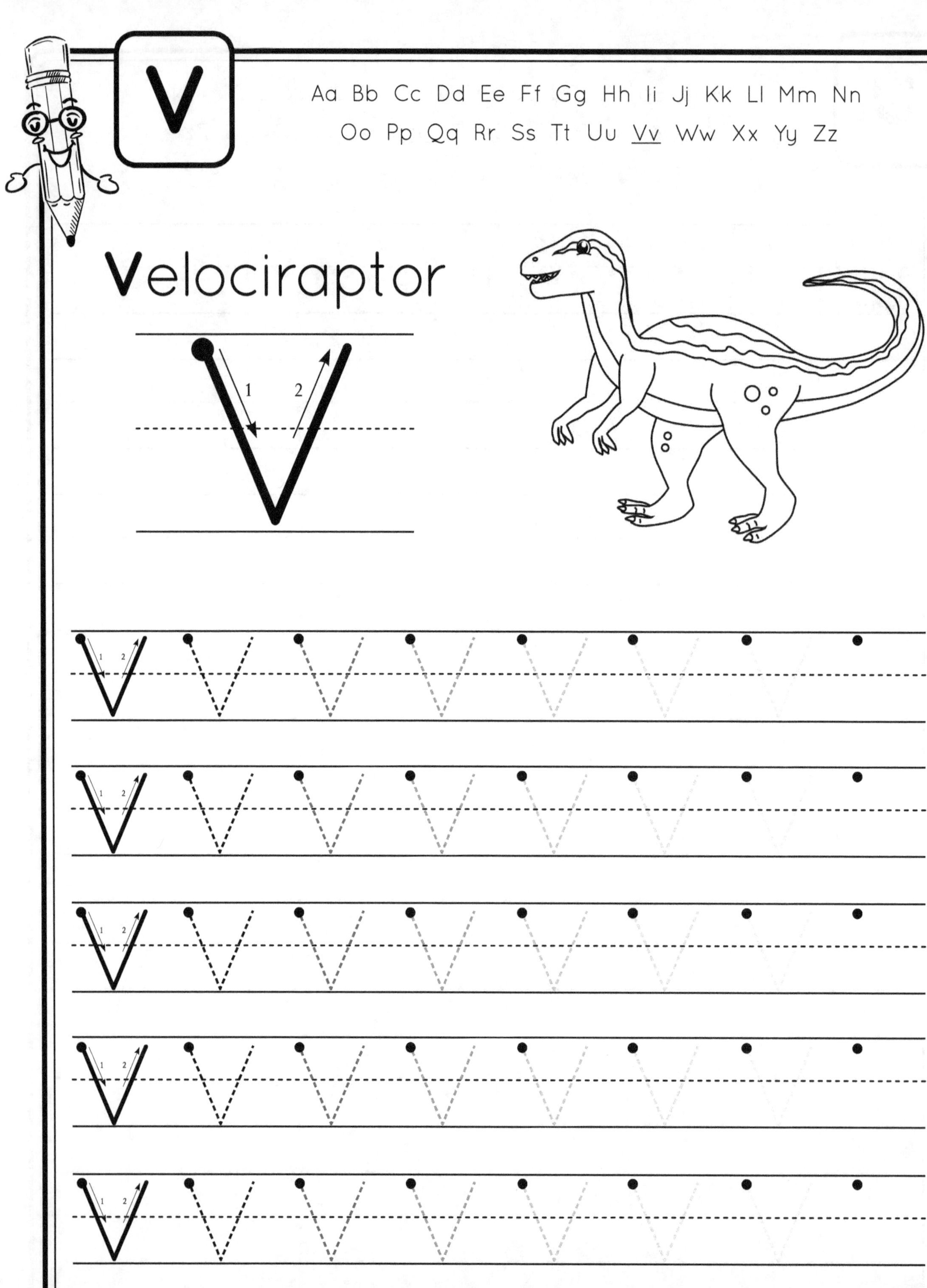


V
Aa Bb Cc Dd Ee Ff Gg Hh Ii Jj Kk Ll Mm Nn
Oo Pp Qq Rr Ss Tt Uu Vv Ww Xx Yy Zz
Velociraptor

Aa Bb Cc Dd Ee Ff Gg Hh Ii Jj Kk Ll Mm Nn
Oo Pp Qq Rr Ss Tt Uu Vv Ww Xx Yy Zz

# Sil**v**isaurus

Aa Bb Cc Dd Ee Ff Gg Hh Ii Jj Kk Ll Mm Nn Oo Pp
Qq Rr Ss Tt Uu <u>Vv</u> Ww Xx Yy Zz Ää Öö Üü ß

# **W**annanosaurus

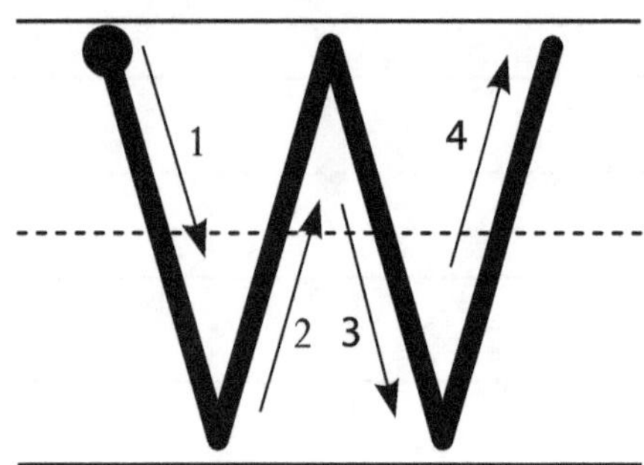

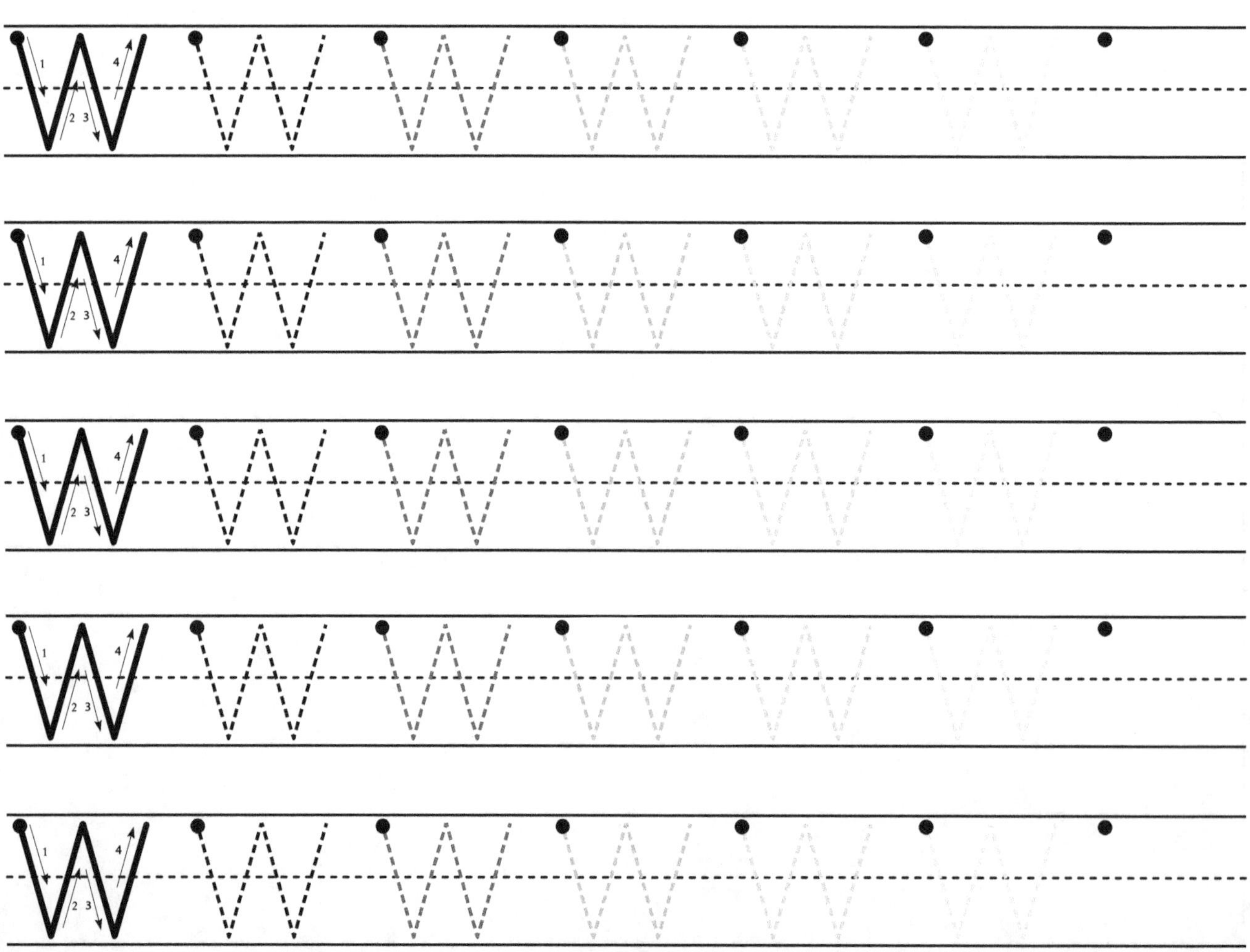

Aa Bb Cc Dd Ee Ff Gg Hh Ii Jj Kk Ll Mm Nn
Oo Pp Qq Rr Ss Tt Uu Vv <u>Ww</u> Xx Yy Zz

# Mala**w**isaurus

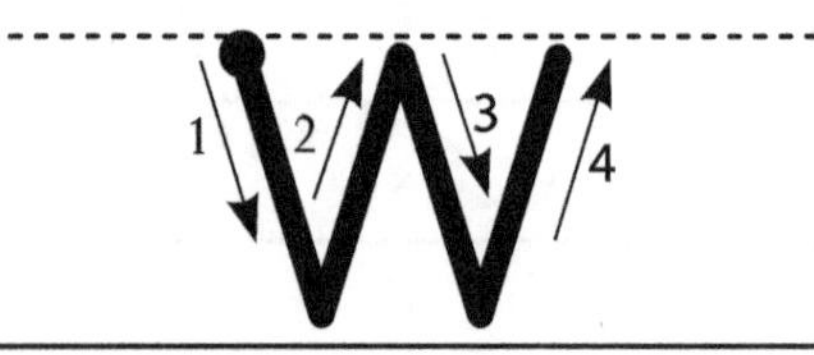

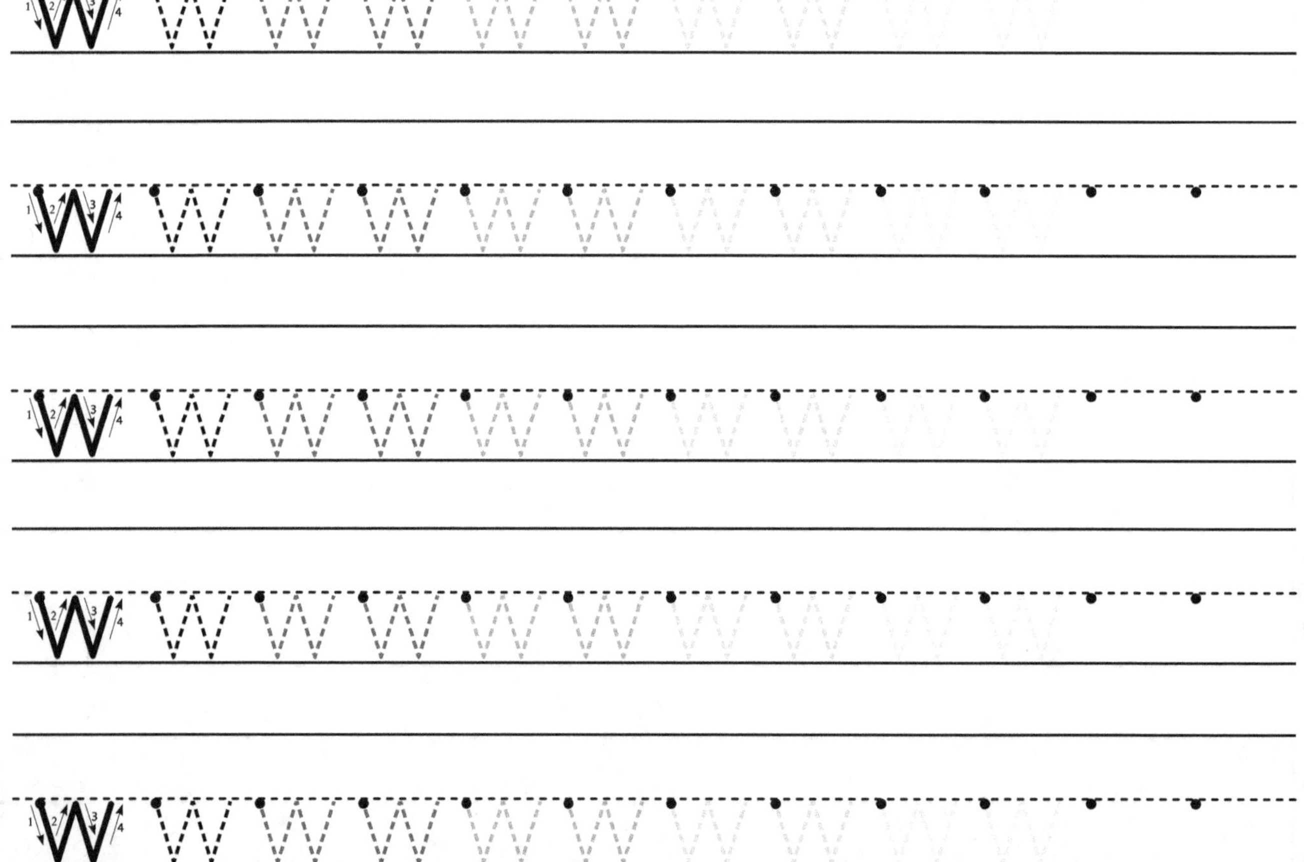

Aa Bb Cc Dd Ee Ff Gg Hh Ii Jj Kk Ll Mm Nn
Oo Pp Qq Rr Ss Tt Uu Vv Ww Xx Yy Zz

W W W W W W W W

# Xenoceratops

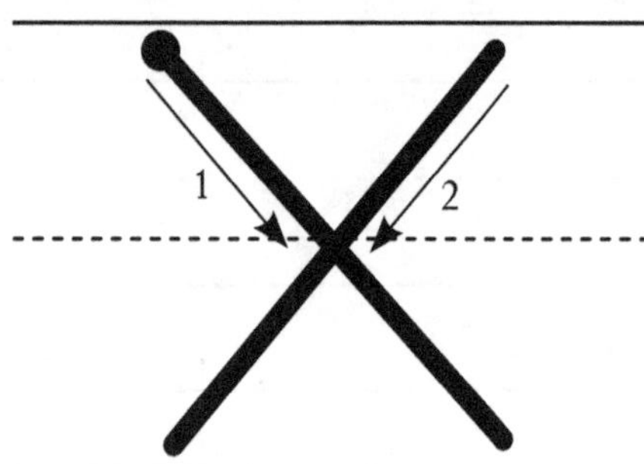

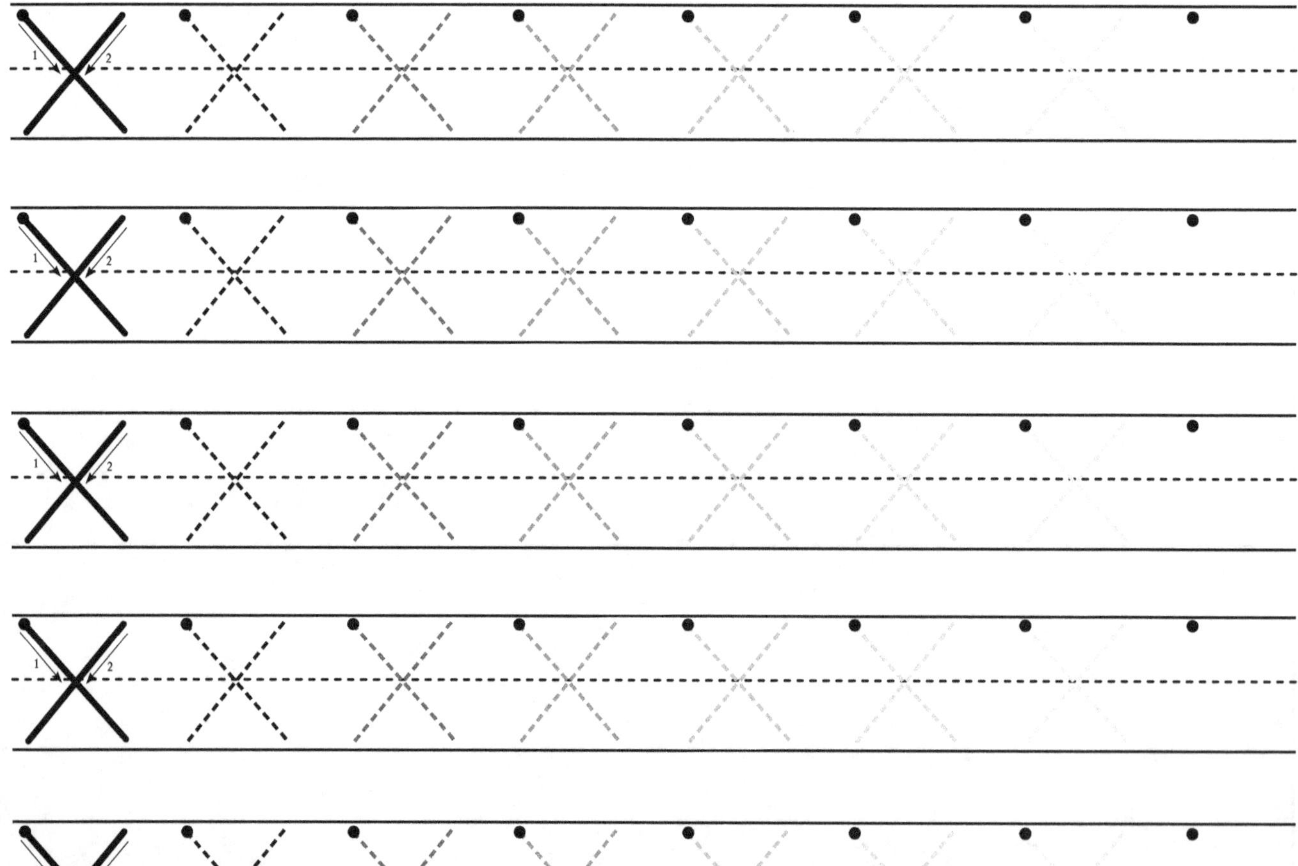

Aa Bb Cc Dd Ee Ff Gg Hh Ii Jj Kk Ll Mm Nn
Oo Pp Qq Rr Ss Tt Uu Vv Ww Xx Yy Zz

# Ekri**x**inatosaurus

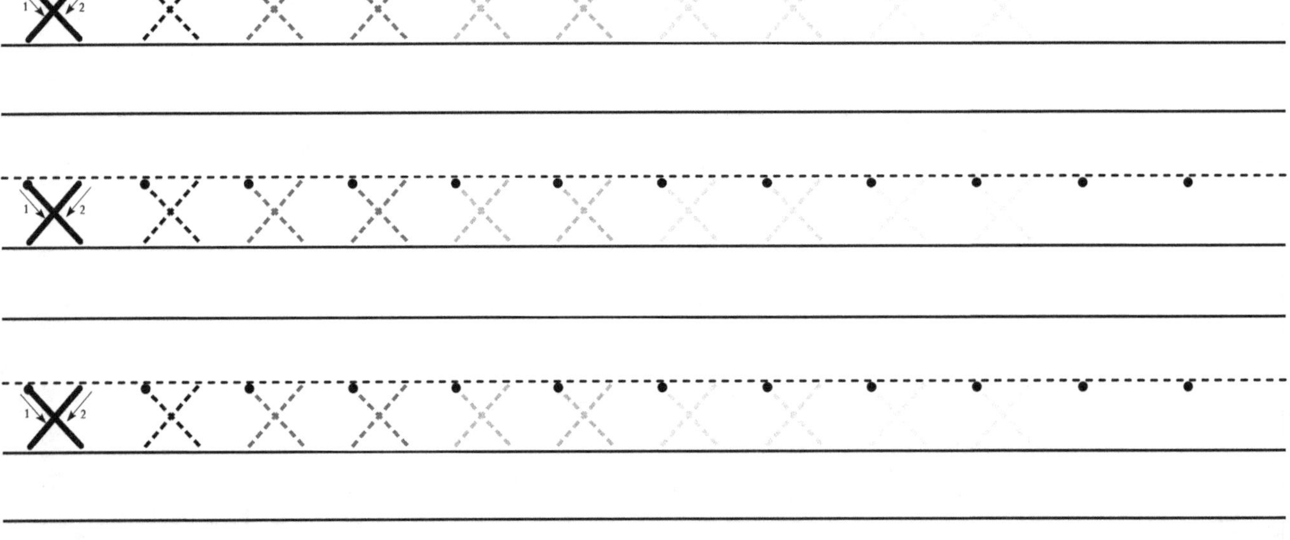

Aa Bb Cc Dd Ee Ff Gg Hh Ii Jj Kk Ll Mm Nn
Oo Pp Qq Rr Ss Tt Uu Vv Ww Xx Yy Zz

Aa Bb Cc Dd Ee Ff Gg Hh Ii Jj Kk Ll Mm Nn
Oo Pp Qq Rr Ss Tt Uu Vv Ww Xx <u>Yy</u> Zz

# Yangchuanosaurus

Aa Bb Cc Dd Ee Ff Gg Hh Ii Jj Kk Ll Mm Nn
Oo Pp Qq Rr Ss Tt Uu Vv Ww Xx Yy Zz

# Cryolophosaurus

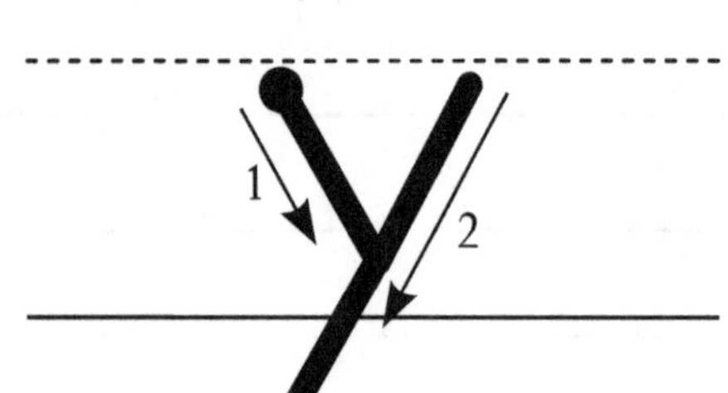

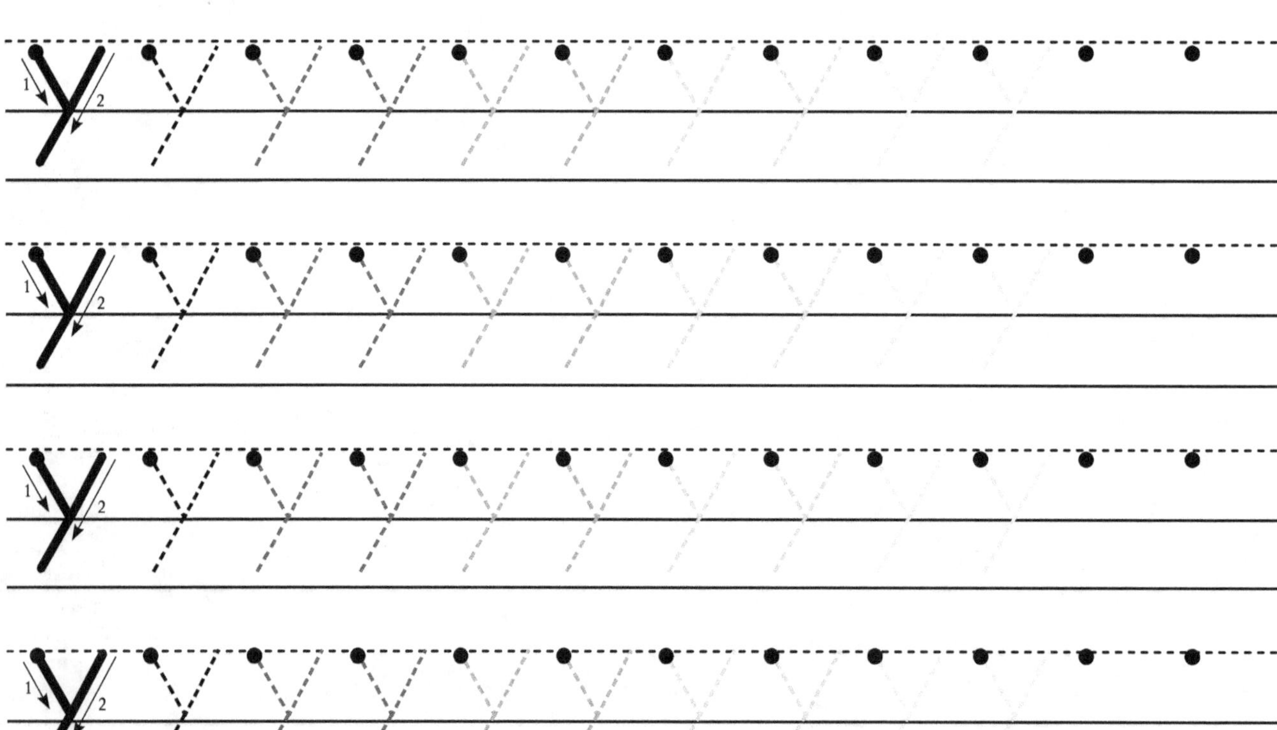

Aa Bb Cc Dd Ee Ff Gg Hh Ii Jj Kk Ll Mm Nn
Oo Pp Qq Rr Ss Tt Uu Vv Ww Xx Yy Zz

# Z

Aa Bb Cc Dd Ee Ff Gg Hh Ii Jj Kk Ll Mm Nn
Oo Pp Qq Rr Ss Tt Uu Vv Ww Xx Yy Zz

**Z**uniceratops

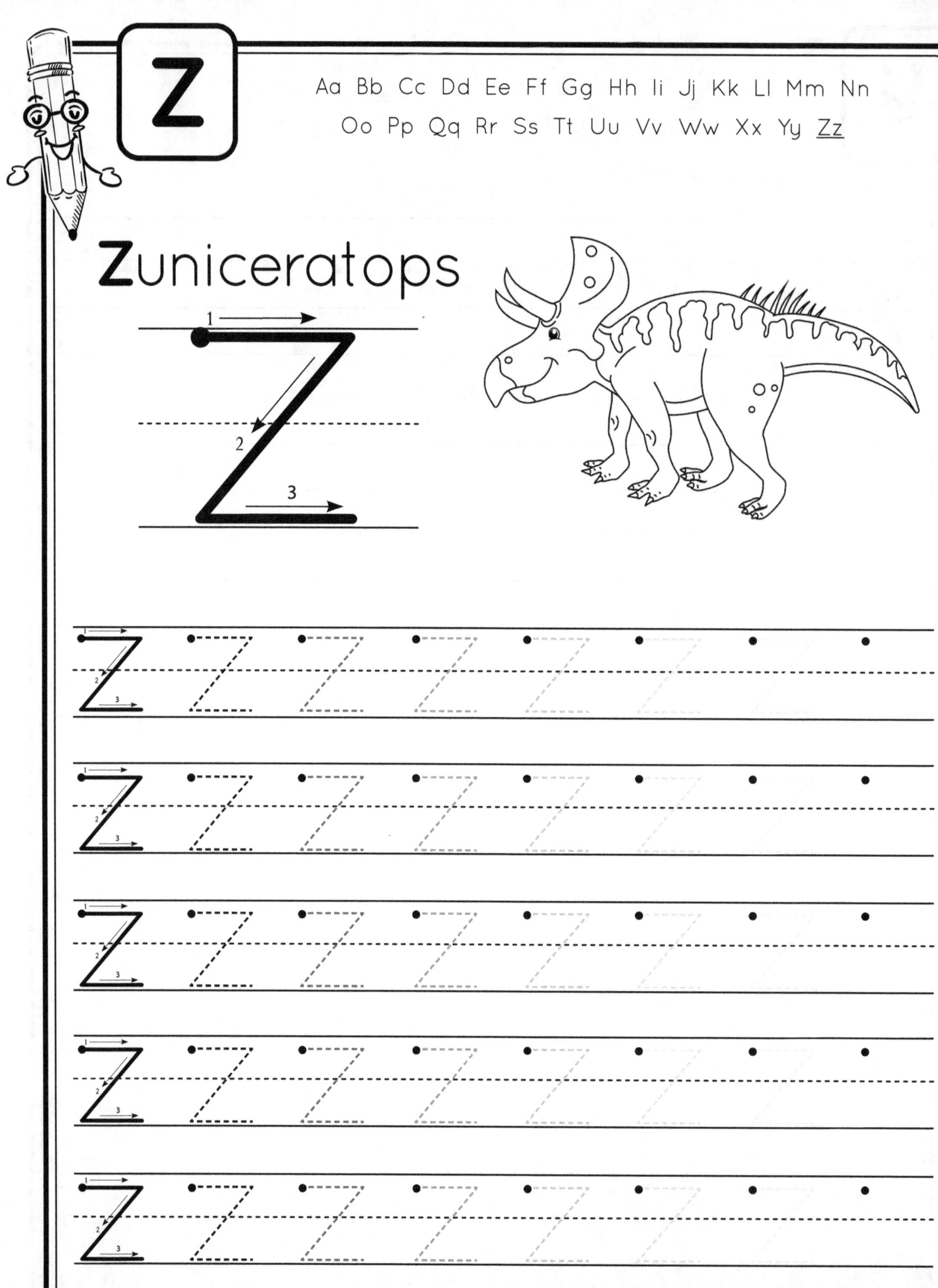

Aa Bb Cc Dd Ee Ff Gg Hh Ii Jj Kk Ll Mm Nn
Oo Pp Qq Rr Ss Tt Uu Vv Ww Xx Yy <u>Zz</u>

Aa Bb Cc Dd Ee Ff Gg Hh Ii Jj Kk Ll Mm Nn
Oo Pp Qq Rr Ss Tt Uu Vv Ww Xx Yy <u>Zz</u>

# Theri**z**inosaurus

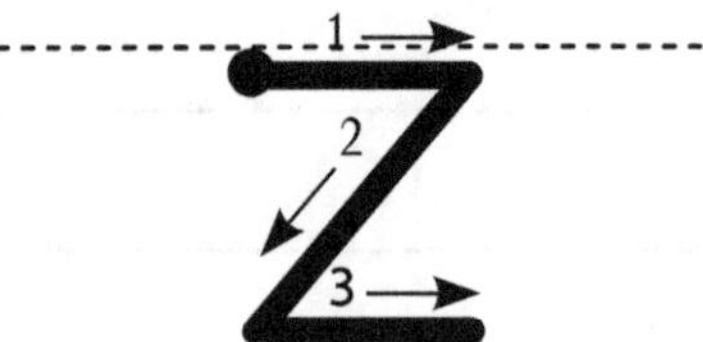

Aa Bb Cc Dd Ee Ff Gg Hh Ii Jj Kk Ll Mm Nn
Oo Pp Qq Rr Ss Tt Uu Vv Ww Xx Yy <u>Zz</u>

# Bravo, du hast alle Buchstaben gemeistert!

Jetzt lass uns die Zahlen üben!

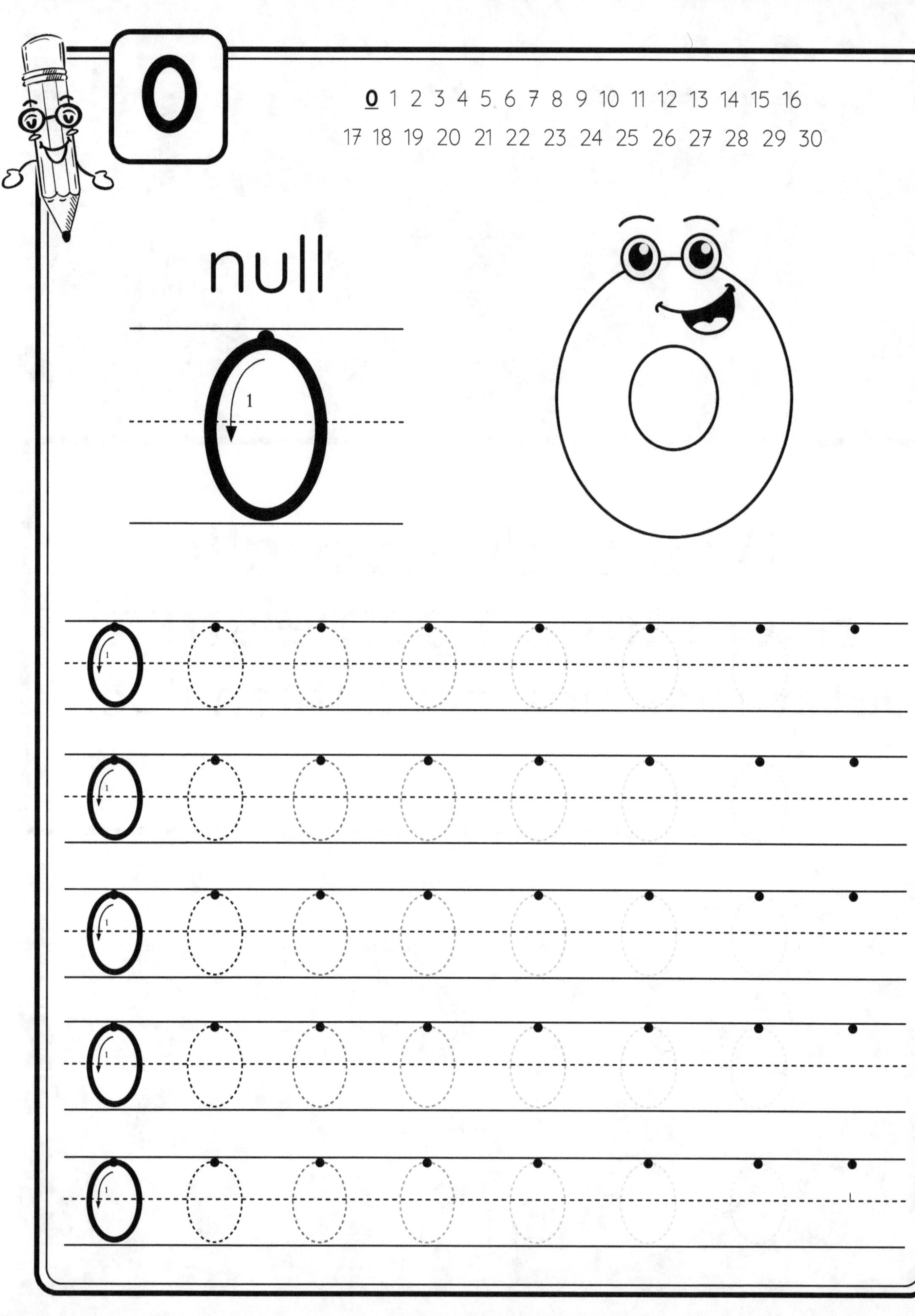

0
null
1

# 0

0 1 2 3 4 5 6 7 8 9 10 11 12 13 14 15 16
17 18 19 20 21 22 23 24 25 26 27 28 29 30

# 1



eins

# zwei

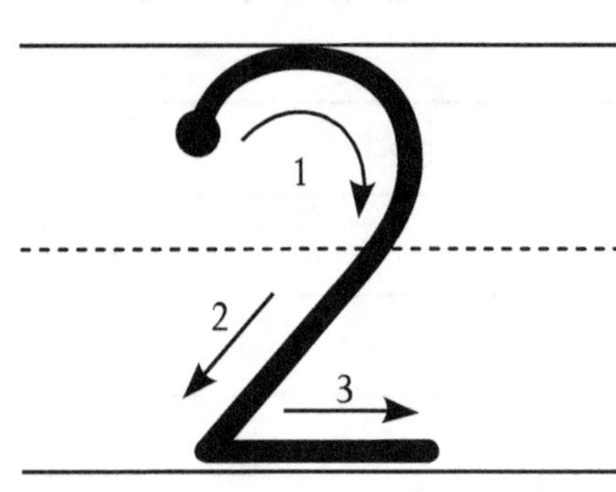

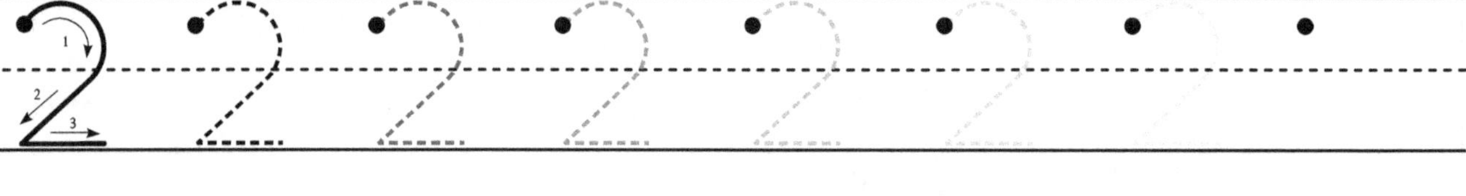

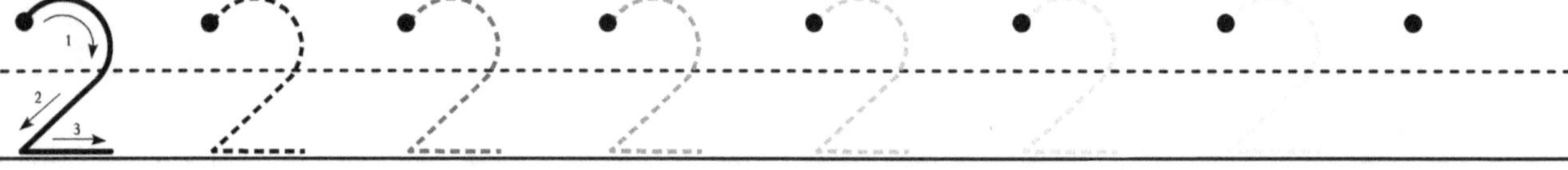

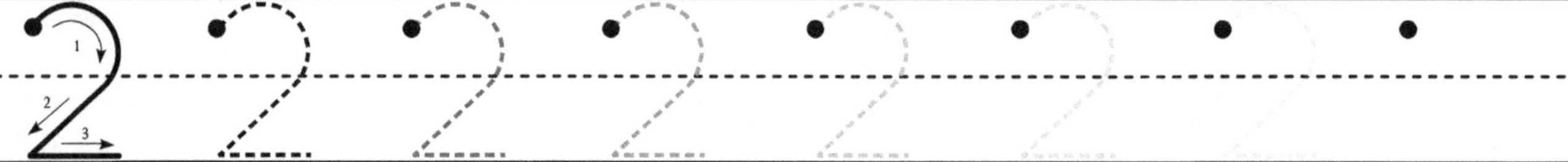

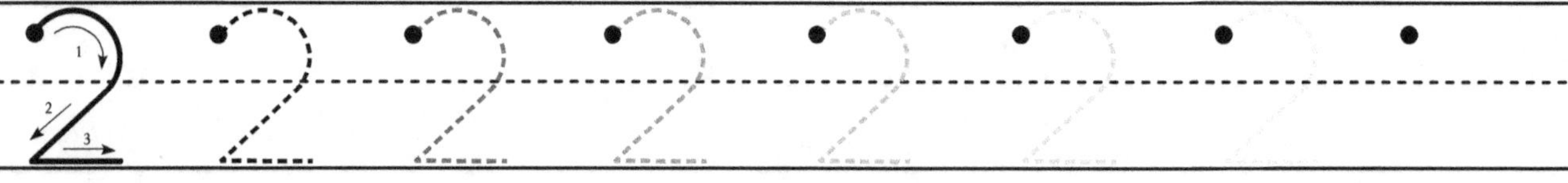

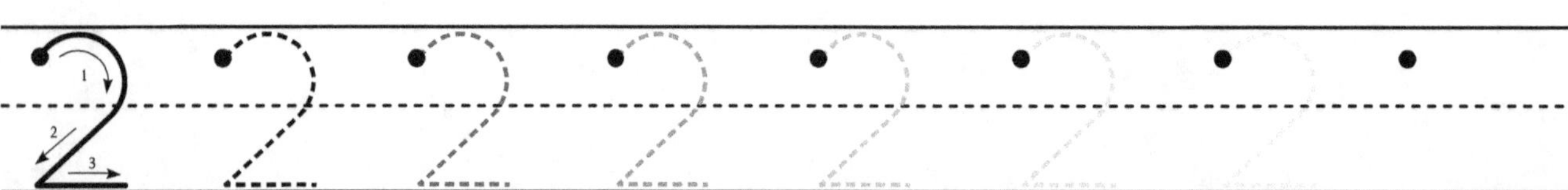

# 2

0 1 **2** 3 4 5 6 7 8 9 10 11 12 13 14 15 16
17 18 19 20 21 22 23 24 25 26 27 28 29 30

# drei

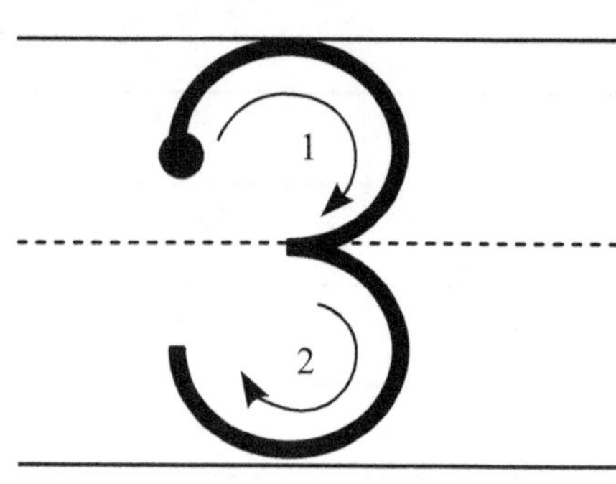

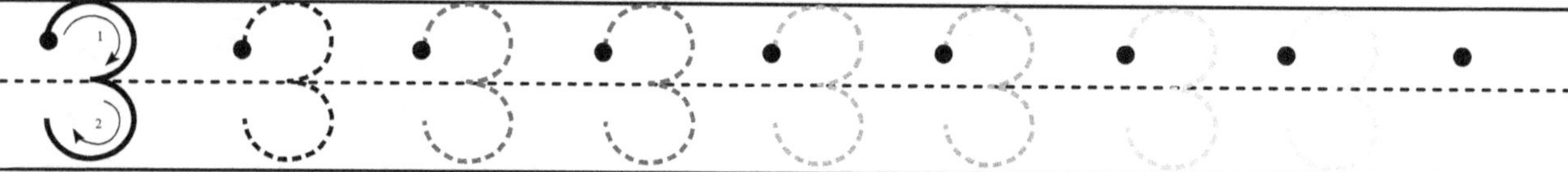

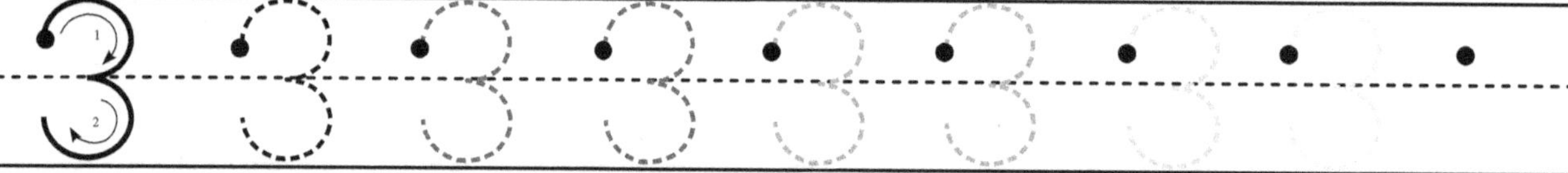

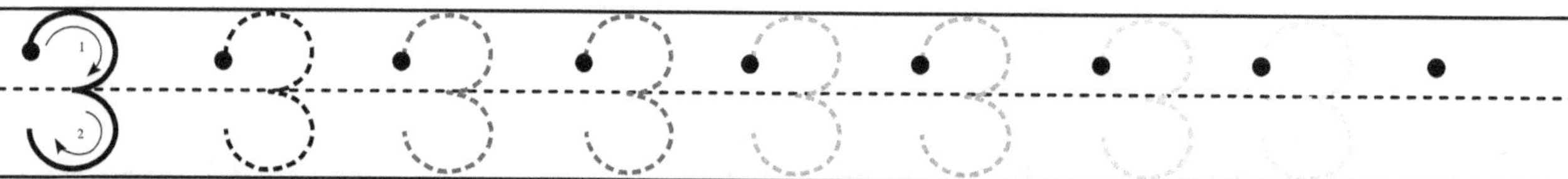

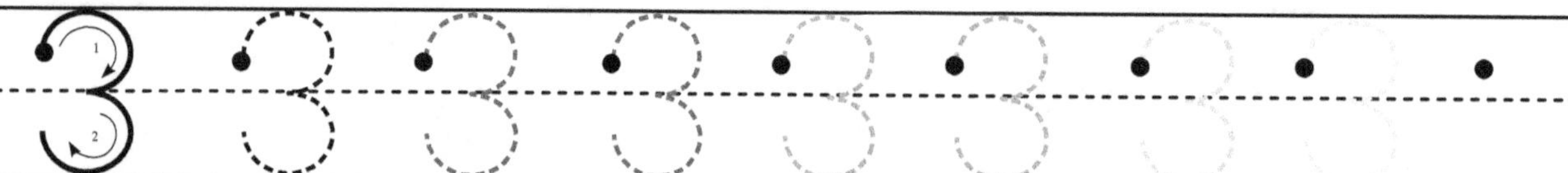

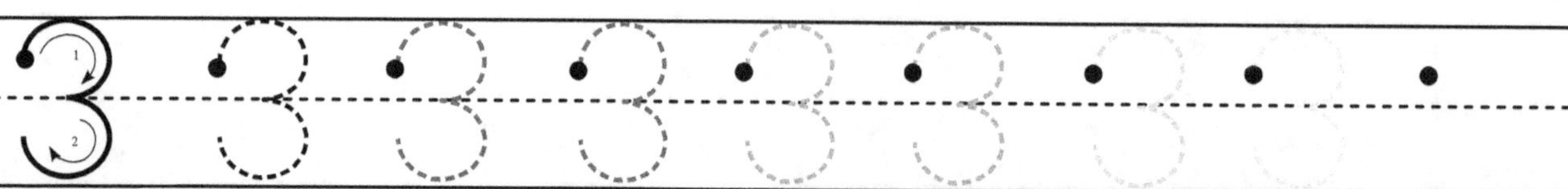

0 1 2 **3** 4 5 6 7 8 9 10 11 12 13 14 15 16
17 18 19 20 21 22 23 24 25 26 27 28 29 30

3

# vier

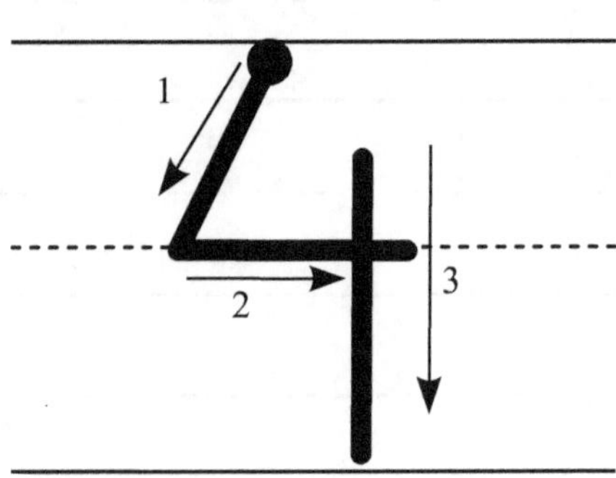

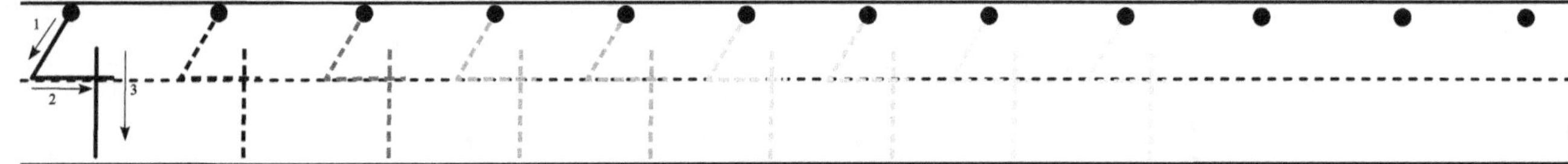

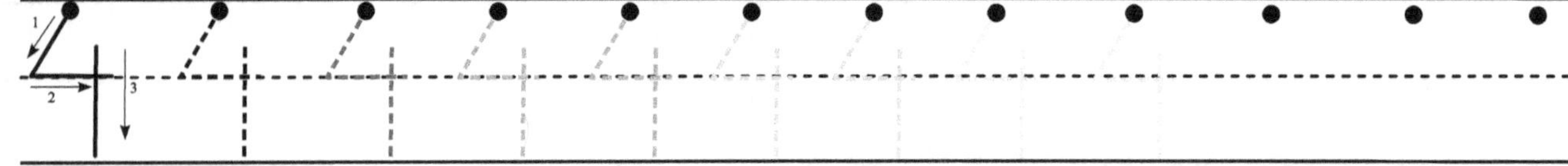

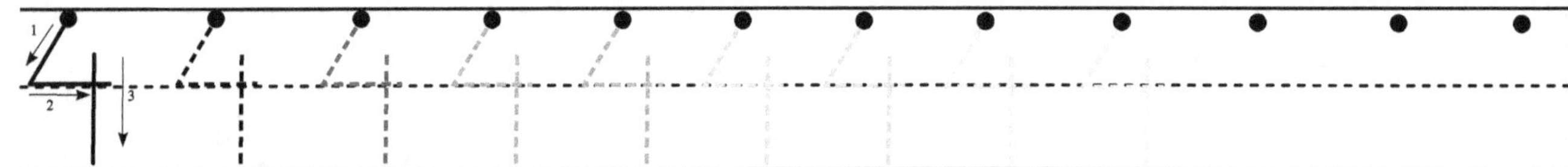

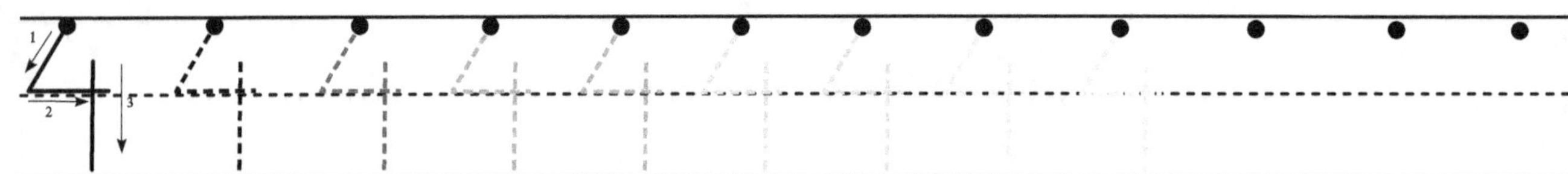

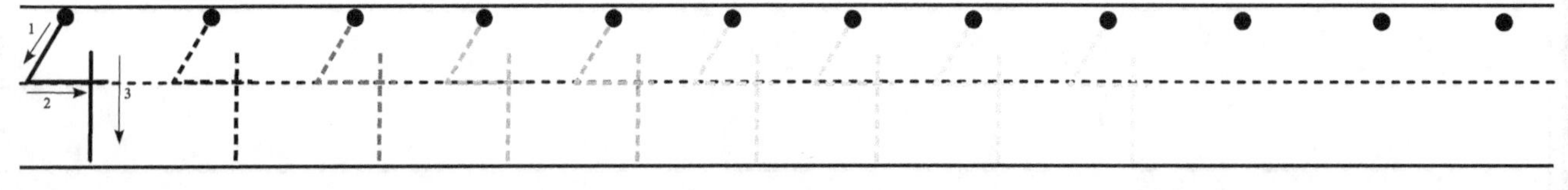

# 5

# fünf

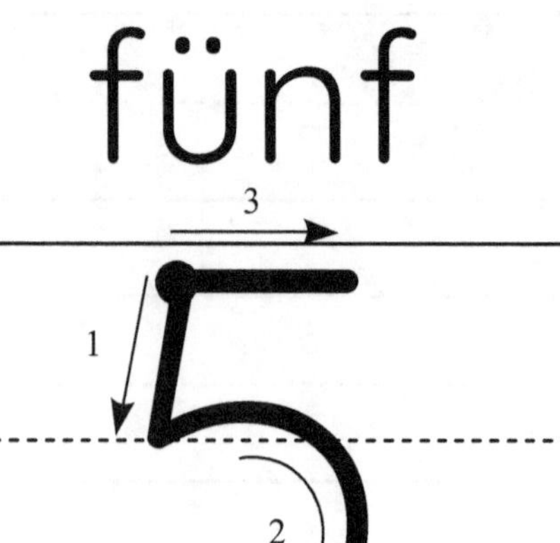

# 5

0 1 2 3 4 **5** 6 7 8 9 10 11 12 13 14 15 16
17 18 19 20 21 22 23 24 25 26 27 28 29 30

# 6



## sechs

# 6

7
0 1 2 3 4 5 6 7 8 9 10 11 12 13 14 15 16
17 18 19 20 21 22 23 24 25 26 27 28 29 30
sieben

# 7

# acht

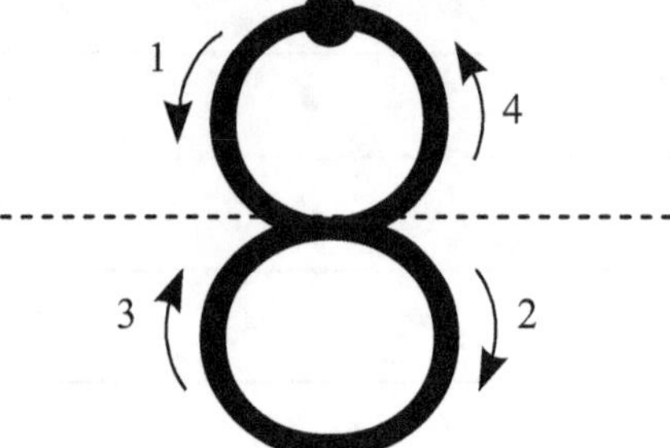

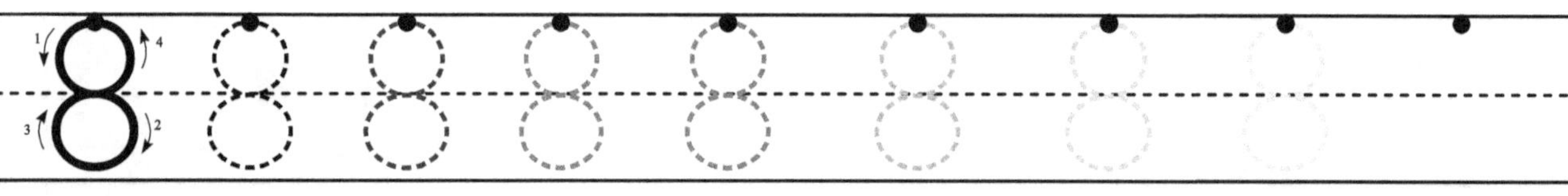

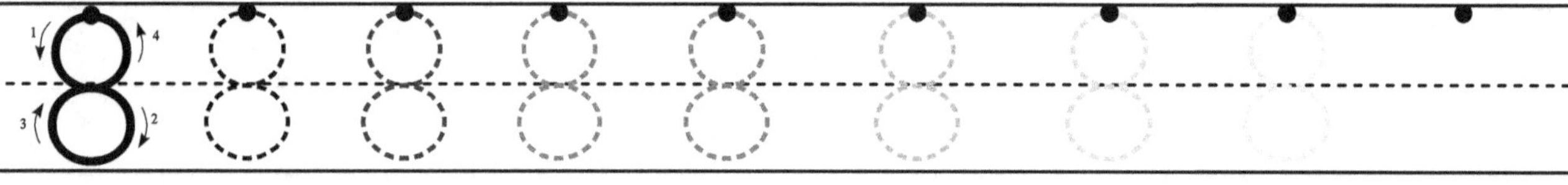

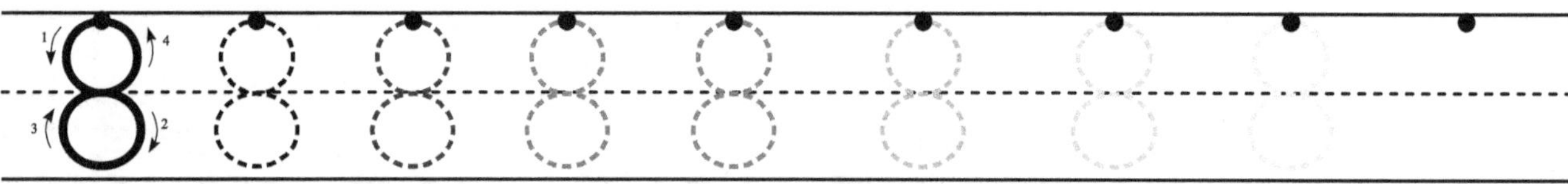

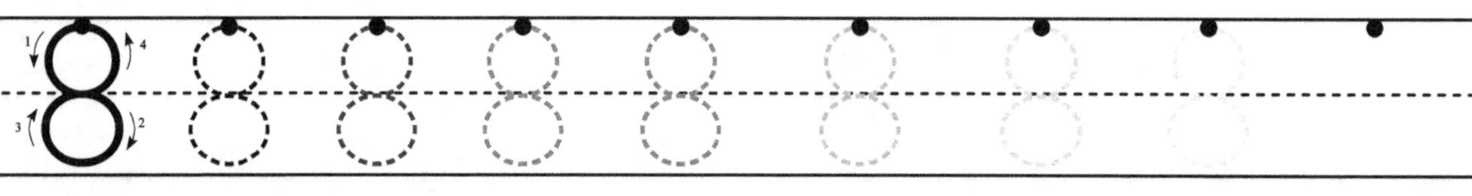

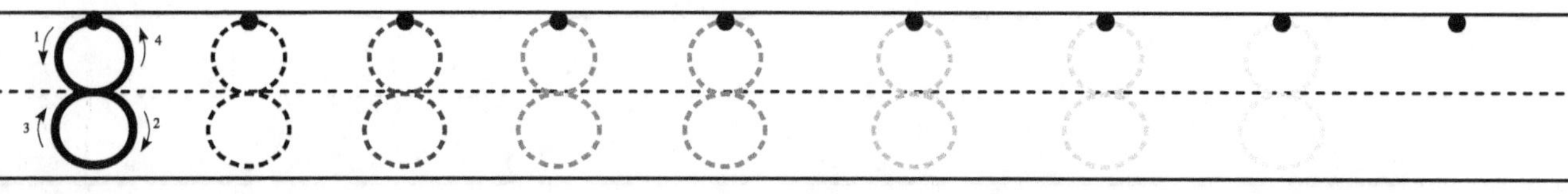

# 8

0 1 2 3 4 5 6 7 8 **9** 10 11 12 13 14 15 16
17 18 19 20 21 22 23 24 25 26 27 28 29 30

# neun

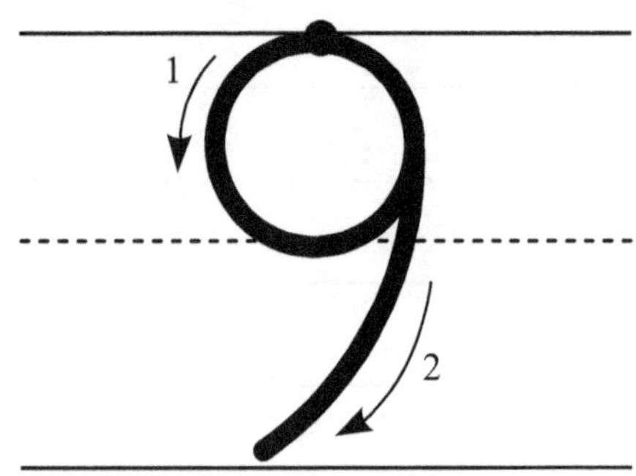

# 9

# 10



## zehn

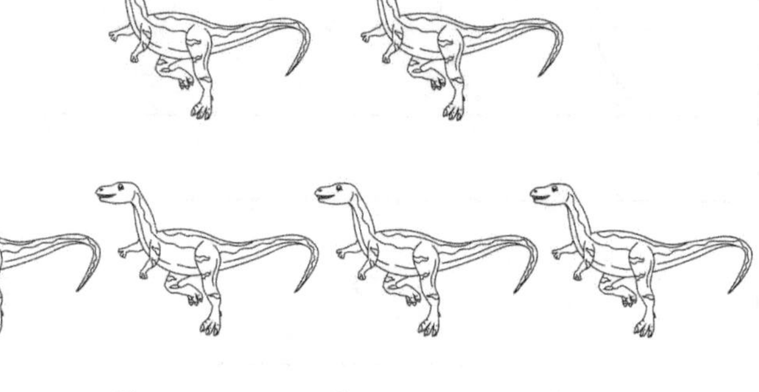

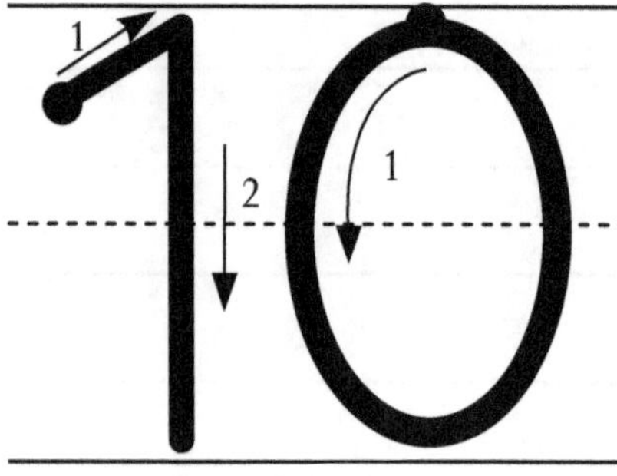

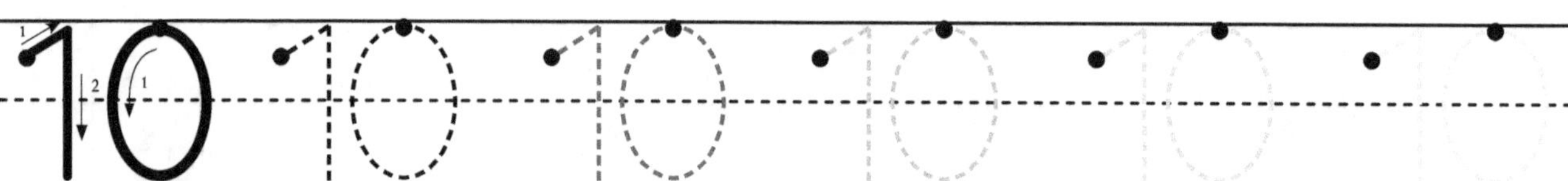

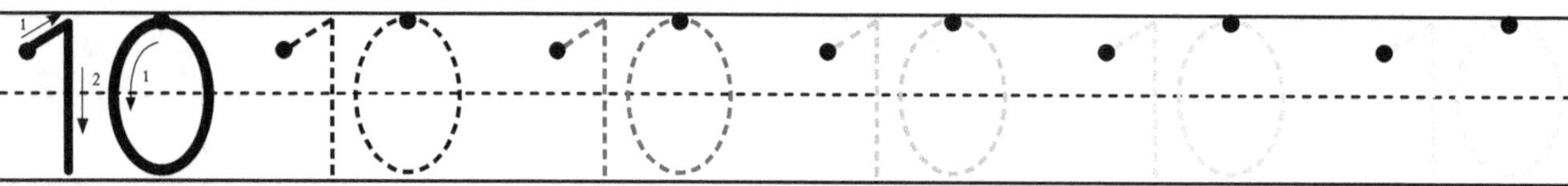

0 1 2 3 4 5 6 7 8 9 **10** 11 12 13 14 15 16
17 18 19 20 21 22 23 24 25 26 27 28 29 30

10 10 10 10 10 10

# 11



elf

# 11

## zwölf

**12**

0 1 2 3 4 5 6 7 8 9 10 11 **12** 13 14 15 16
17 18 19 20 21 22 23 24 25 26 27 28 29 30

# dreizehn

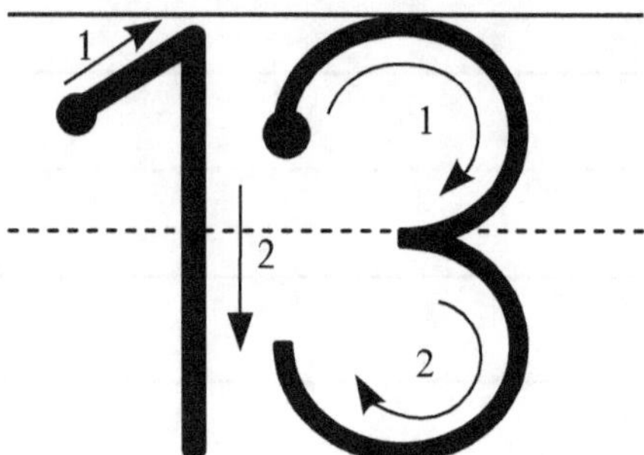

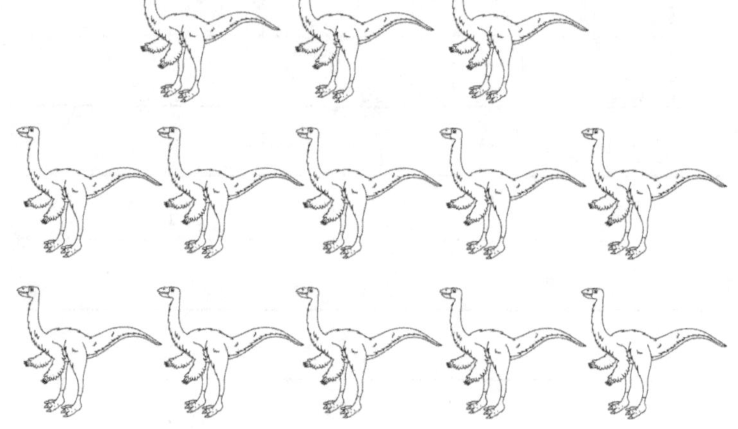

# 13

# vierzehn

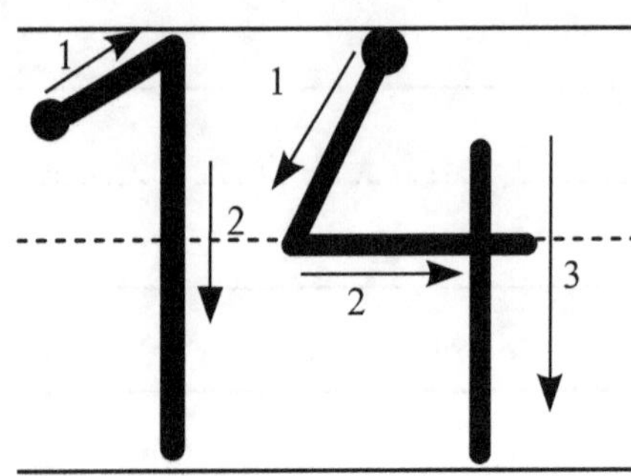

0 1 2 3 4 5 6 7 8 9 10 11 12 13 **14** 15 16
17 18 19 20 21 22 23 24 25 26 27 28 29 30

14

# fünfzehn

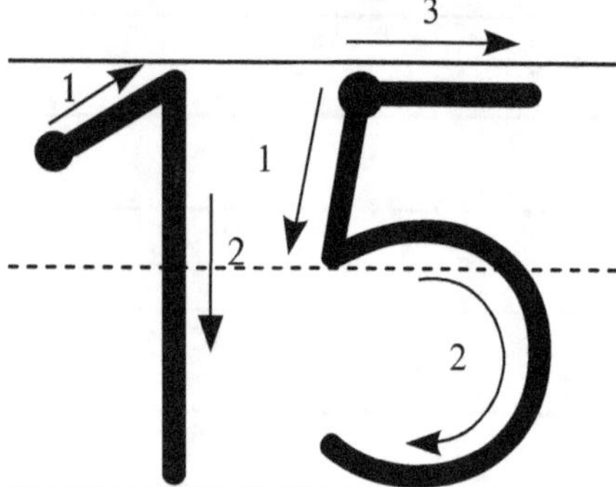

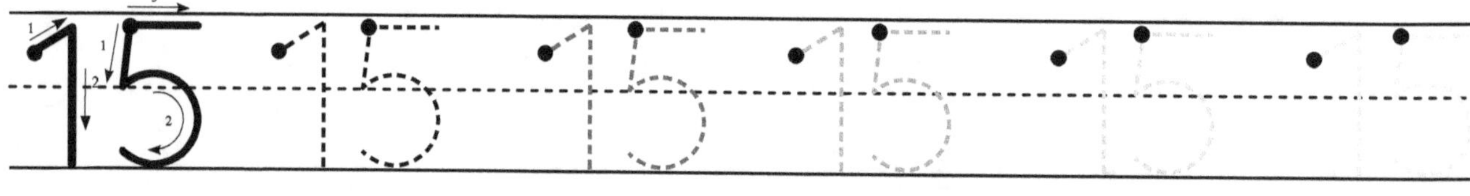

0 1 2 3 4 5 6 7 8 9 10 11 12 13 14 **15** 16
17 18 19 20 21 22 23 24 25 26 27 28 29 30

15 15 15 15 15

# sechzehn

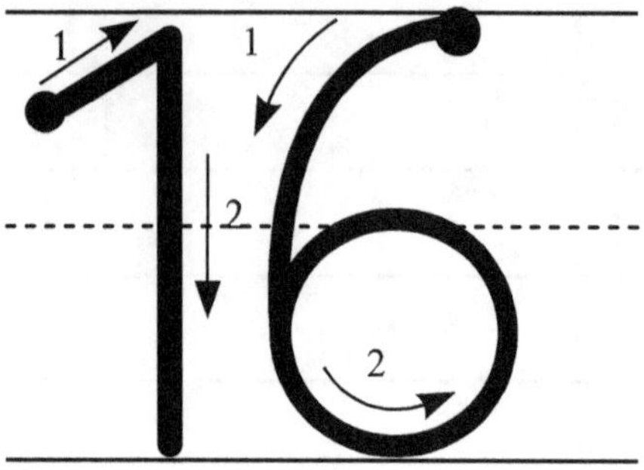

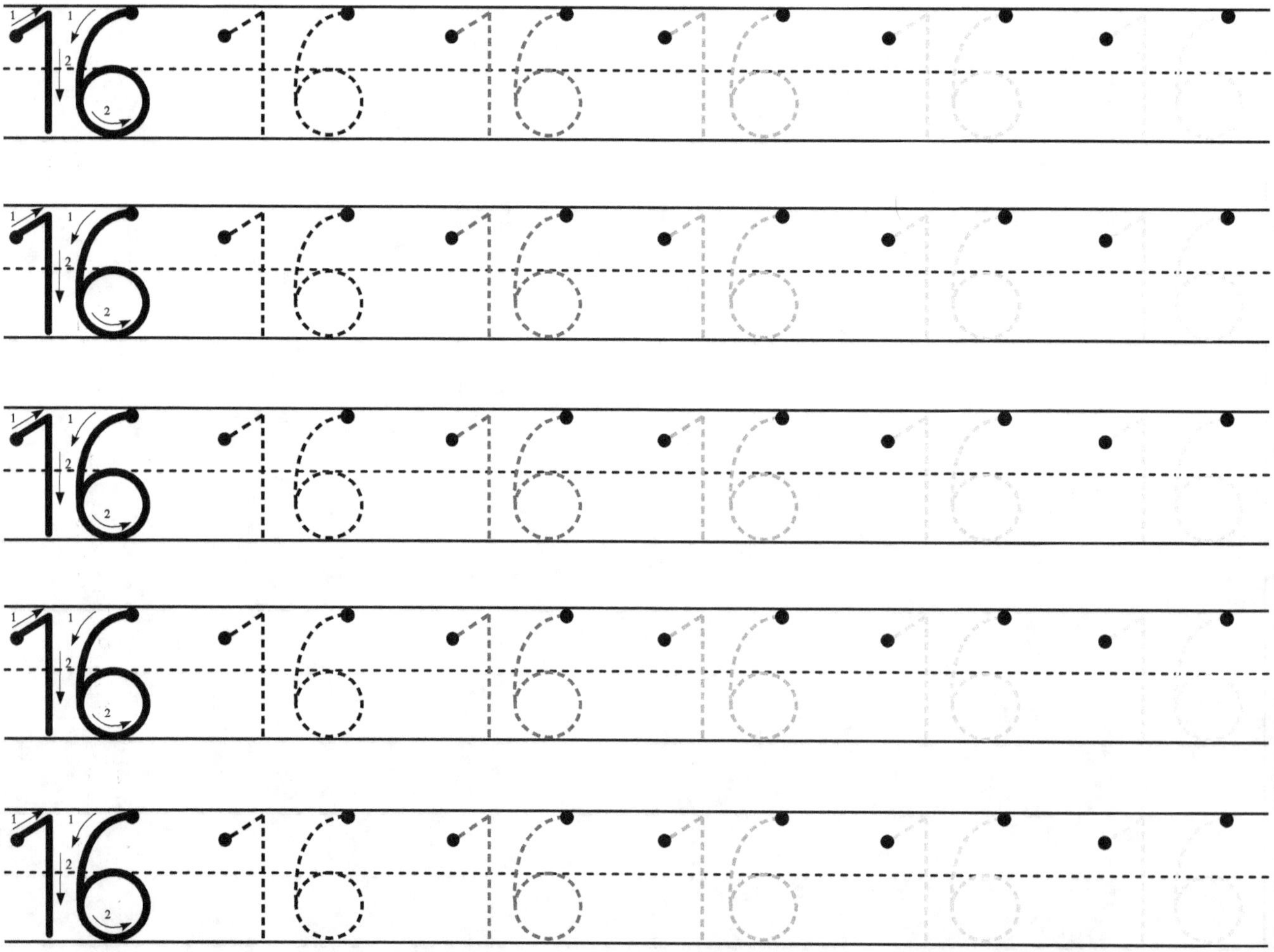

0 1 2 3 4 5 6 7 8 9 10 11 12 13 14 15 **16**
17 18 19 20 21 22 23 24 25 26 27 28 29 30

16 16 16 16 16

# siebzehn

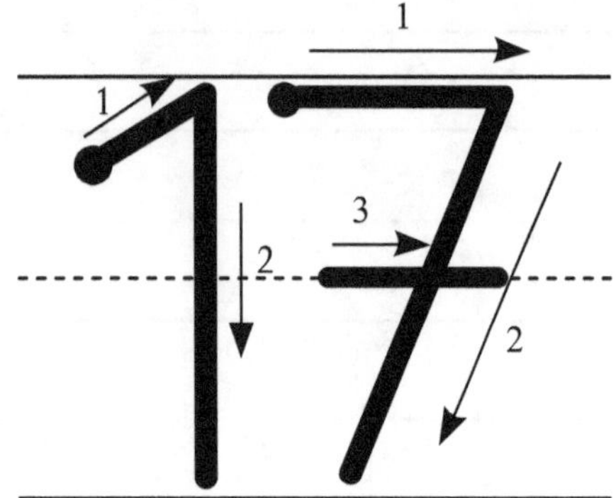

0 1 2 3 4 5 6 7 8 9 10 11 12 13 14 15 16
**17** 18 19 20 21 22 23 24 25 26 27 28 29 30

# achtzehn

# 18

0 1 2 3 4 5 6 7 8 9 10 11 12 13 14 15 16
17 **18** 19 20 21 22 23 24 25 26 27 28 29 30

# neunzehn

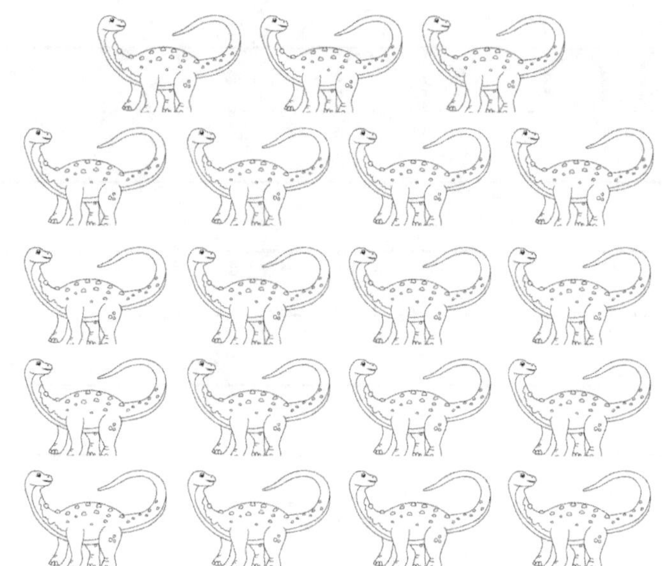

# 19

0 1 2 3 4 5 6 7 8 9 10 11 12 13 14 15 16
17 18 19 **20** 21 22 23 24 25 26 27 28 29 30

# zwanzig

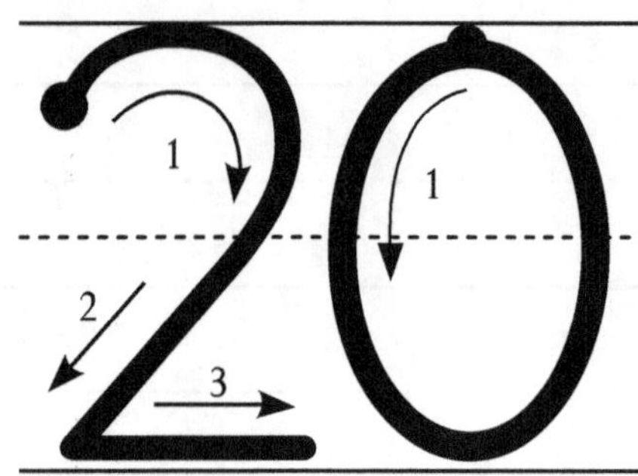

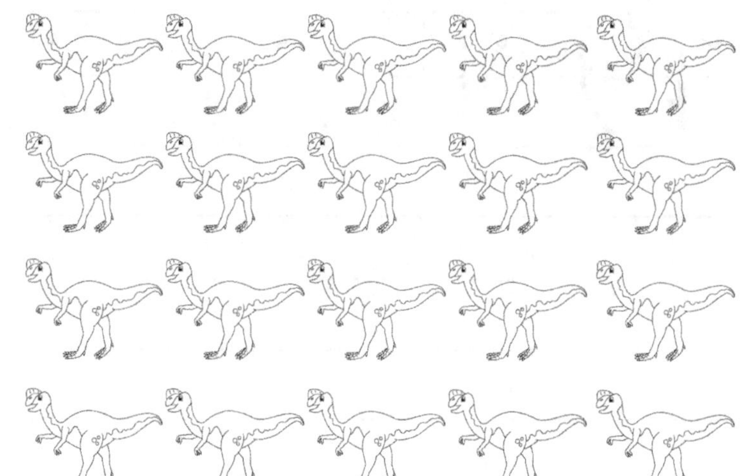

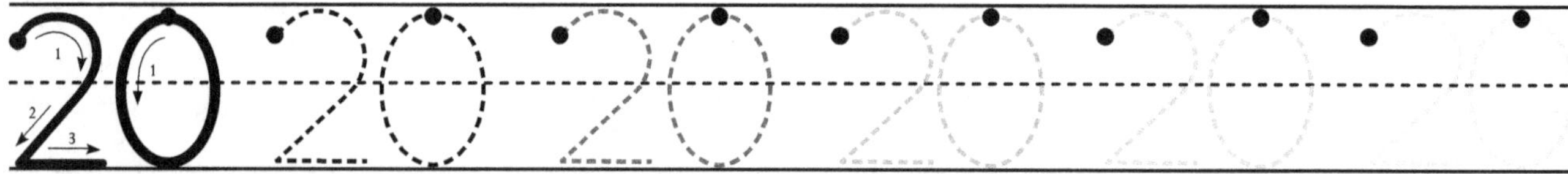

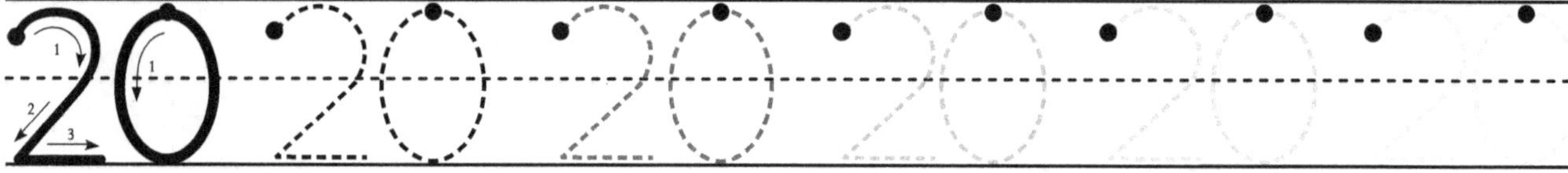

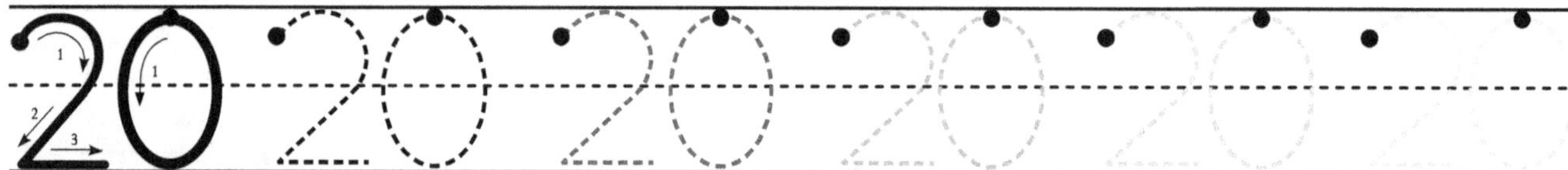

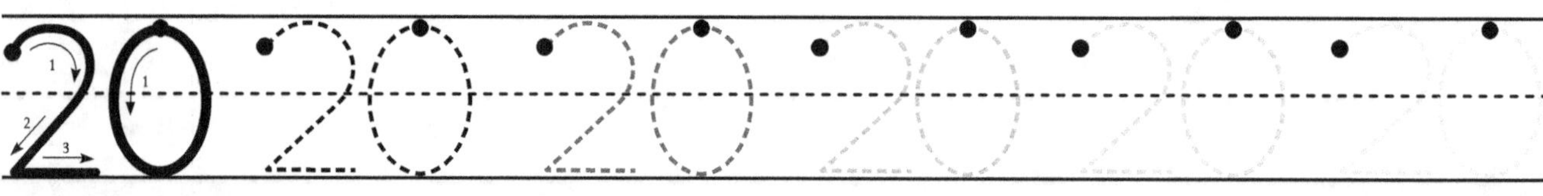

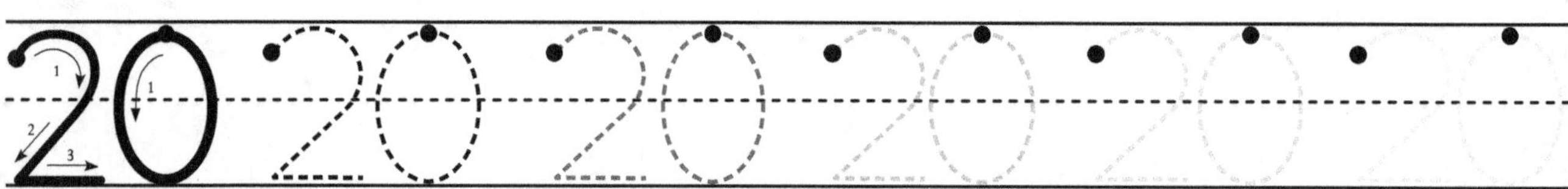

0 1 2 3 4 5 6 7 8 9 10 11 12 13 14 15 16
17 18 19 **20** 21 22 23 24 25 26 27 28 29 30

20 20 20 20 20

# einundzwanzig

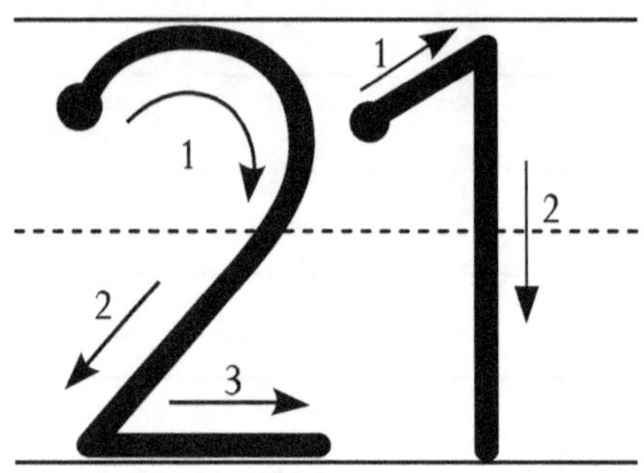

0 1 2 3 4 5 6 7 8 9 10 11 12 13 14 15 16
17 18 19 20 **21** 22 23 24 25 26 27 28 29 30

# zweiundzwanzig

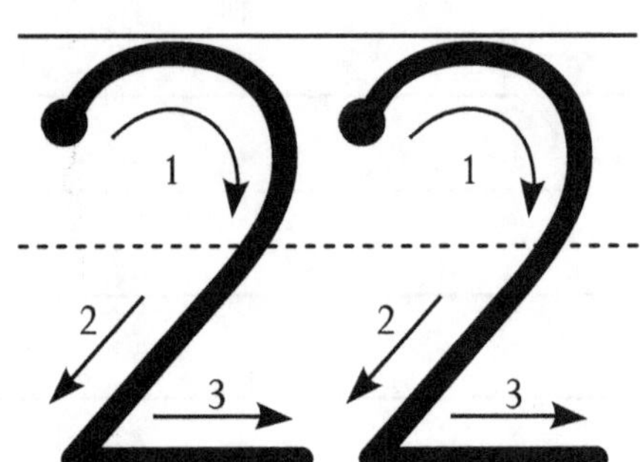

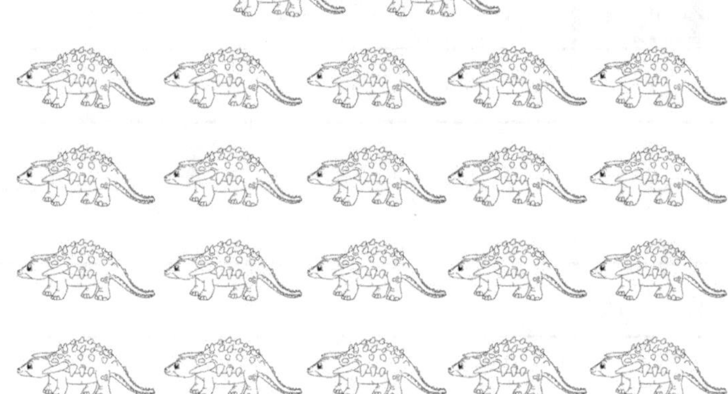

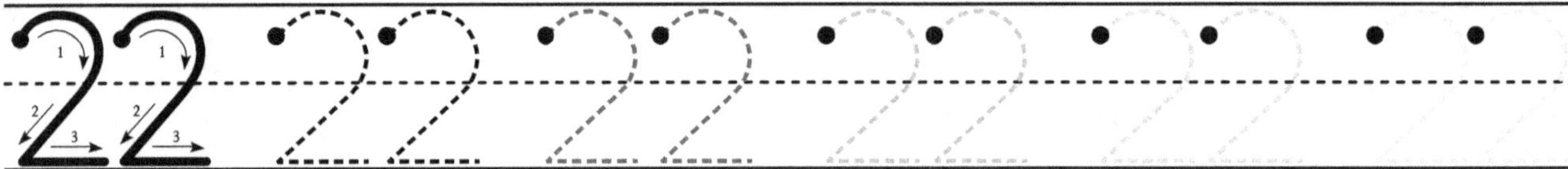

22 22 22 22 22 22

0 1 2 3 4 5 6 7 8 9 10 11 12 13 14 15 16
17 18 19 20 21 22 **23** 24 25 26 27 28 29 30

# dreiundzwanzig

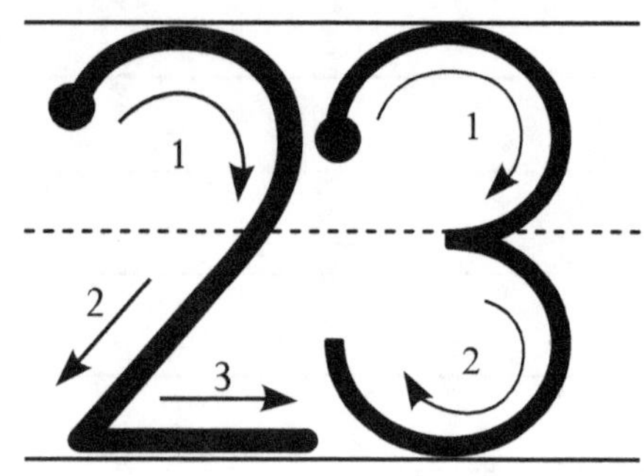

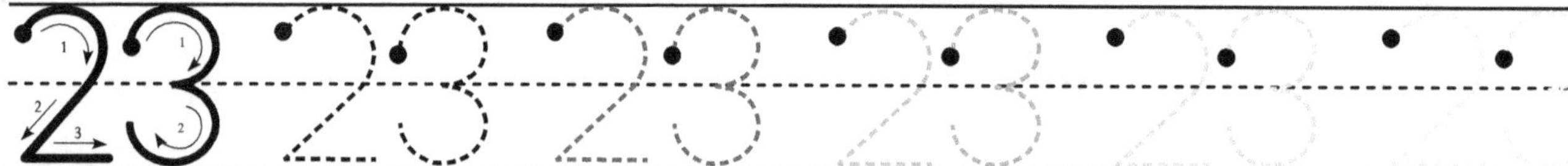

0 1 2 3 4 5 6 7 8 9 10 11 12 13 14 15 16
17 18 19 20 21 22 **23** 24 25 26 27 28 29 30

# vierundzwanzig

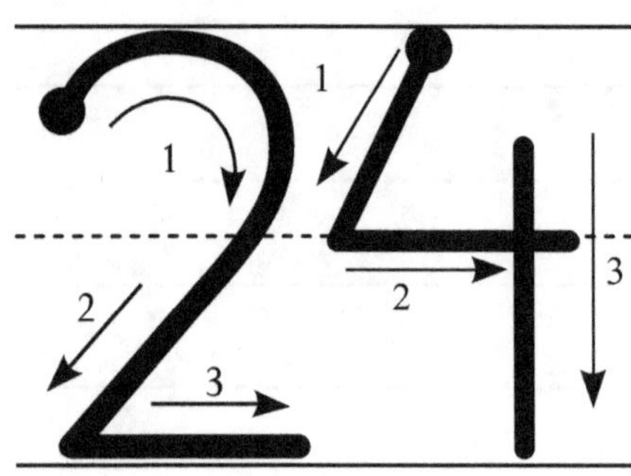

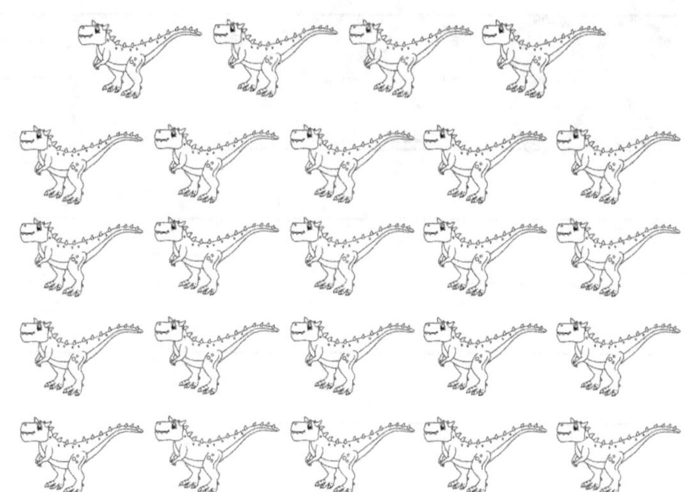

0 1 2 3 4 5 6 7 8 9 10 11 12 13 14 15 16
17 18 19 20 21 22 23 **24** 25 26 27 28 29 30

# fünfundzwanzig

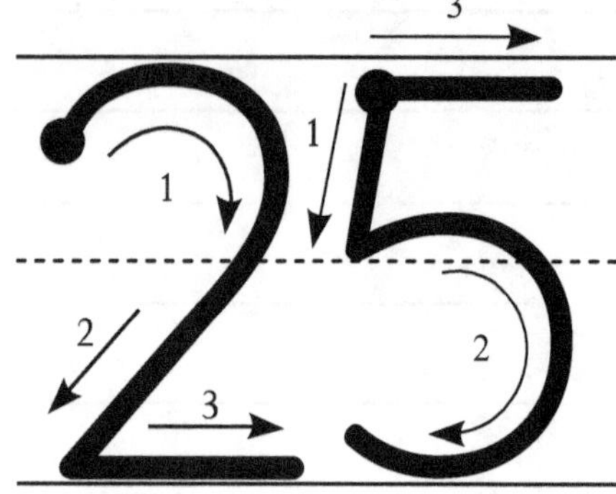

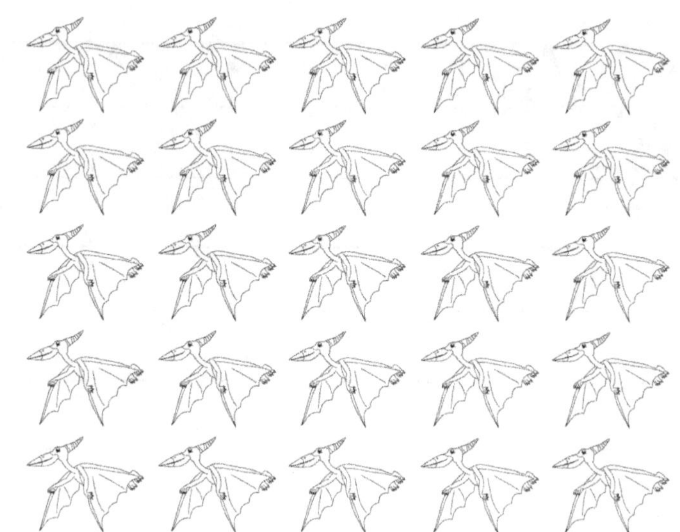

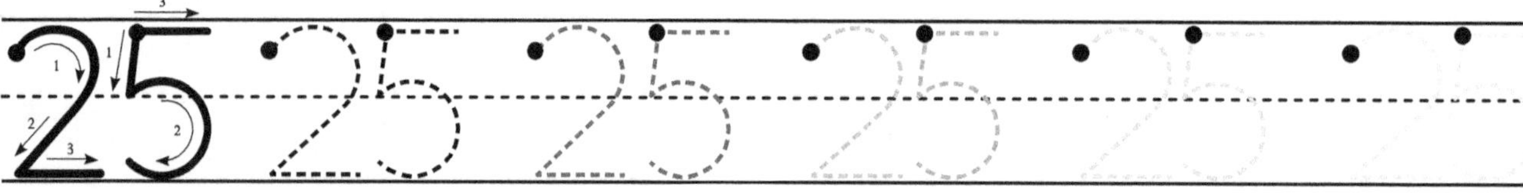

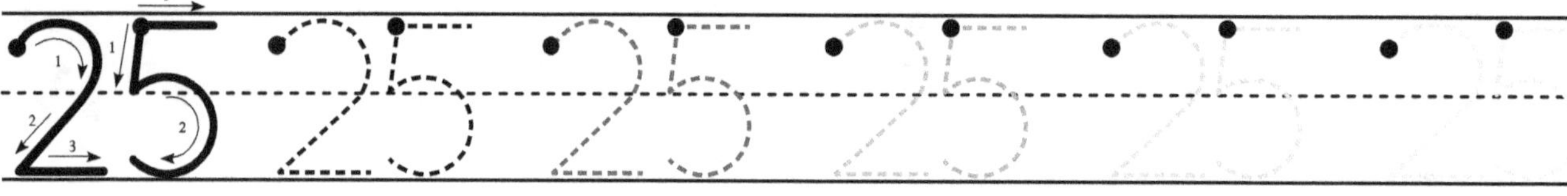

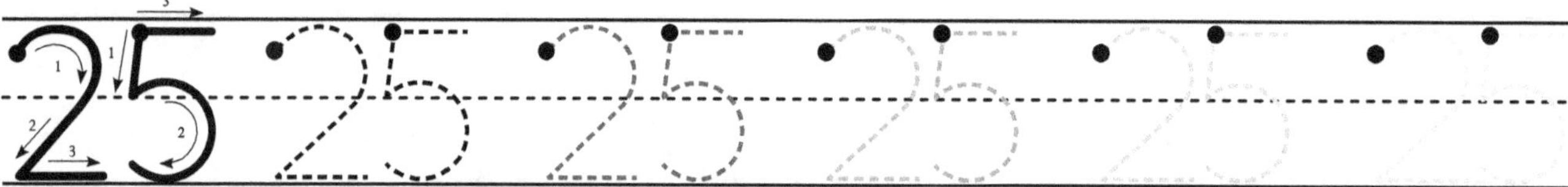

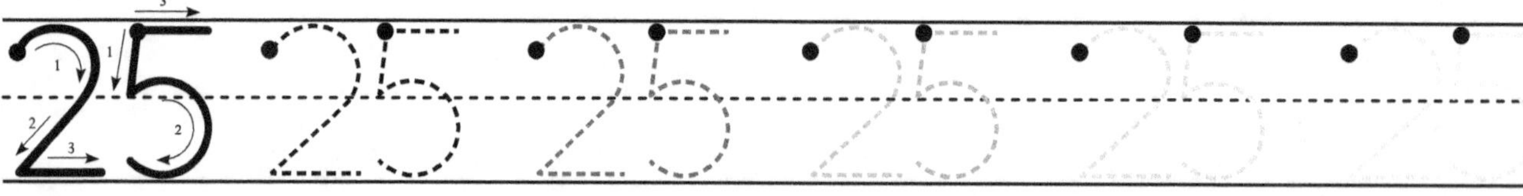

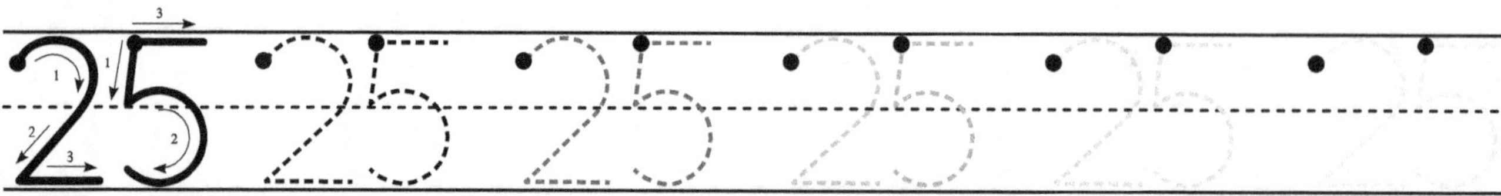

# 25

0 1 2 3 4 5 6 7 8 9 10 11 12 13 14 15 16
17 18 19 20 21 22 23 24 **25** 26 27 28 29 30

# sechsundzwanzig

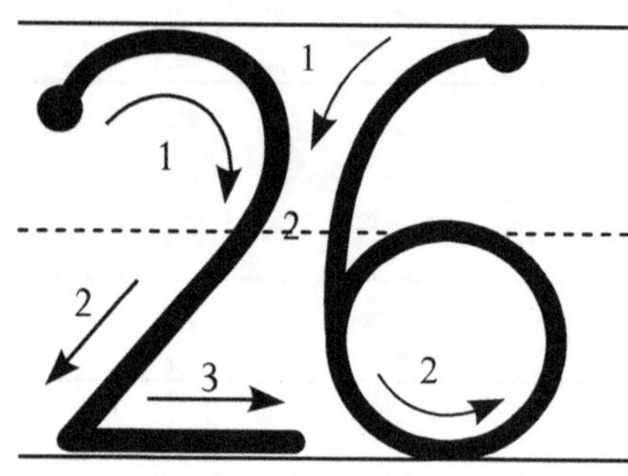

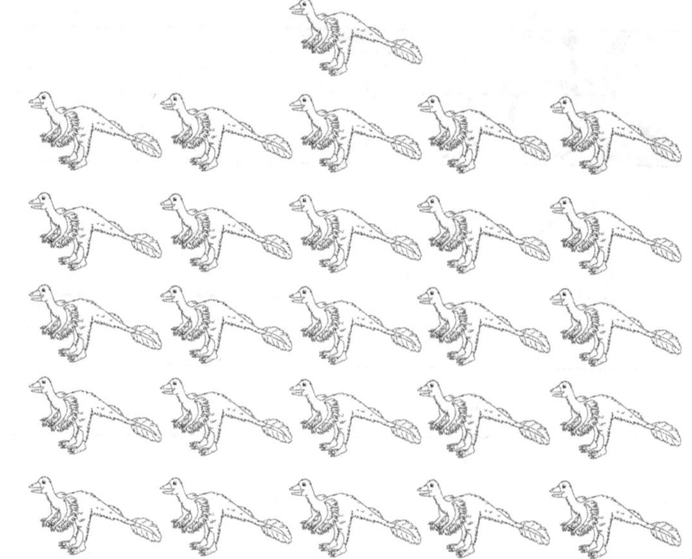

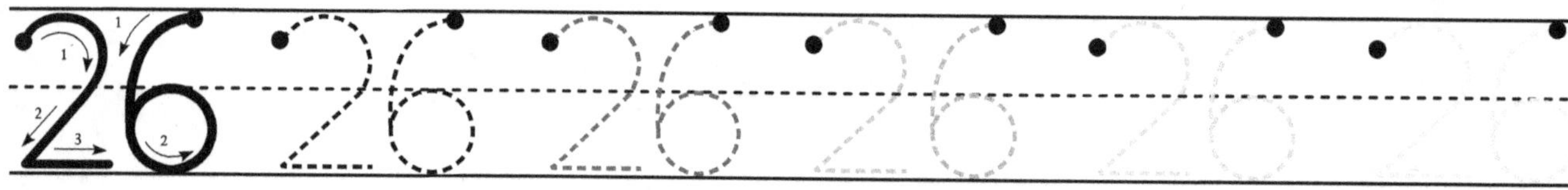

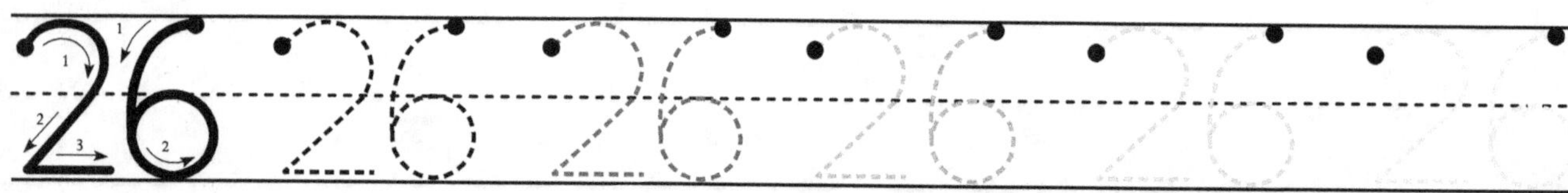

0 1 2 3 4 5 6 7 8 9 10 11 12 13 14 15 16
17 18 19 20 21 22 23 24 25 **26** 27 28 29 30

26 26 26 26 26 26

# siebenundzwanzig

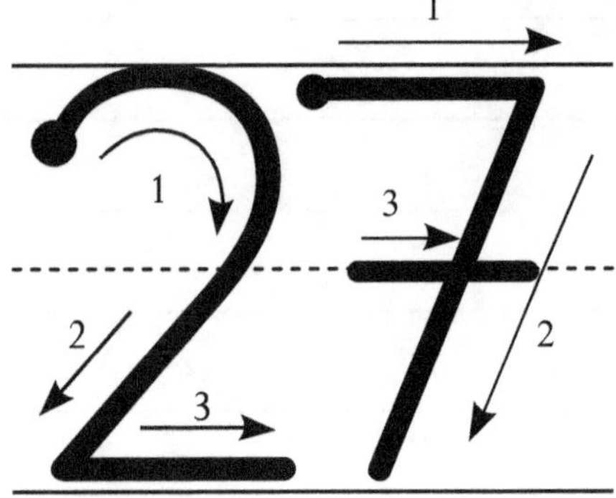

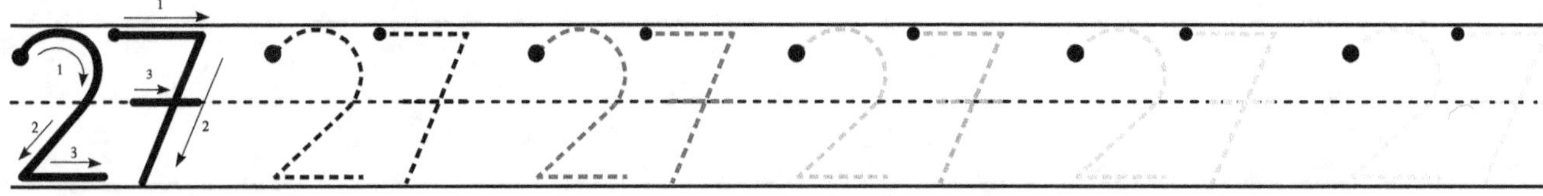

0 1 2 3 4 5 6 7 8 9 10 11 12 13 14 15 16
17 18 19 20 21 22 23 24 25 26 **27** 28 29 30

27 27 27 27 27

# achtundzwanzig

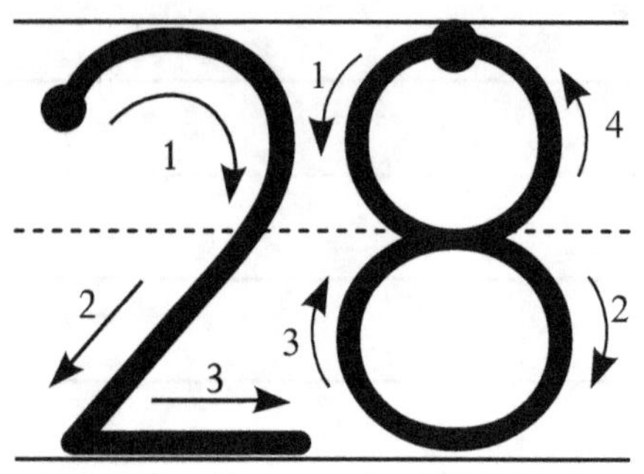

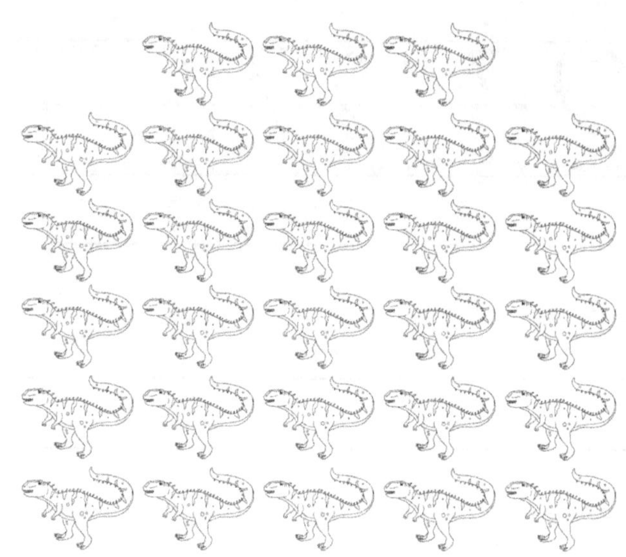

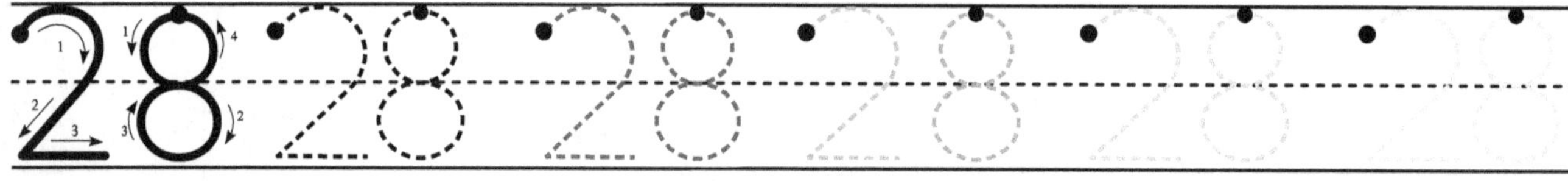

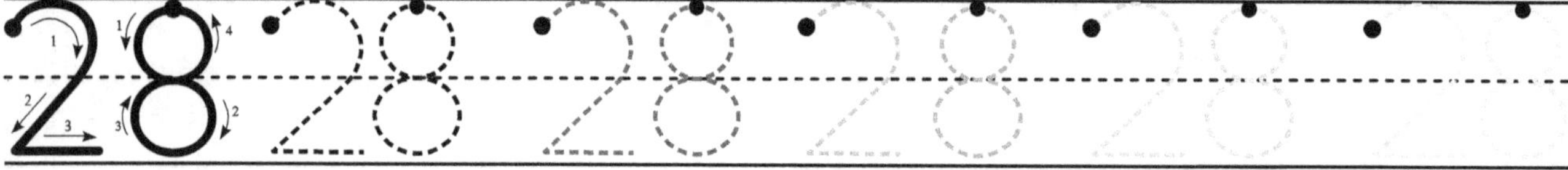

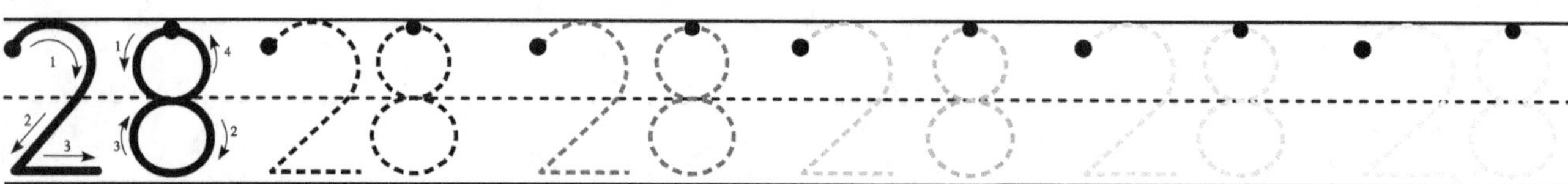

0 1 2 3 4 5 6 7 8 9 10 11 12 13 14 15 16
17 18 19 20 21 22 23 24 25 26 27 **28** 29 30

0 1 2 3 4 5 6 7 8 9 10 11 12 13 14 15 16
17 18 19 20 21 22 23 24 25 26 27 28 **29** 30

# neunundzwanzig

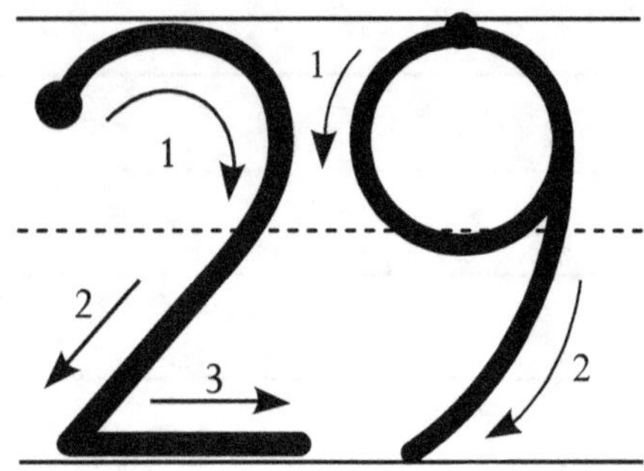

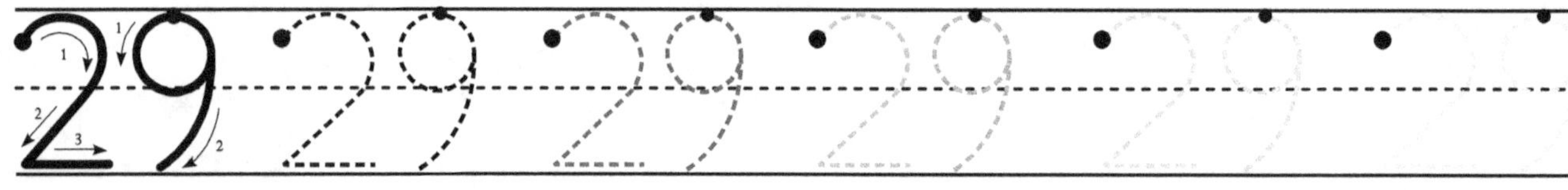

0 1 2 3 4 5 6 7 8 9 10 11 12 13 14 15 16
17 18 19 20 21 22 23 24 25 26 27 28 **29** 30

29 29 29 29 29 29

# dreißig

**30**

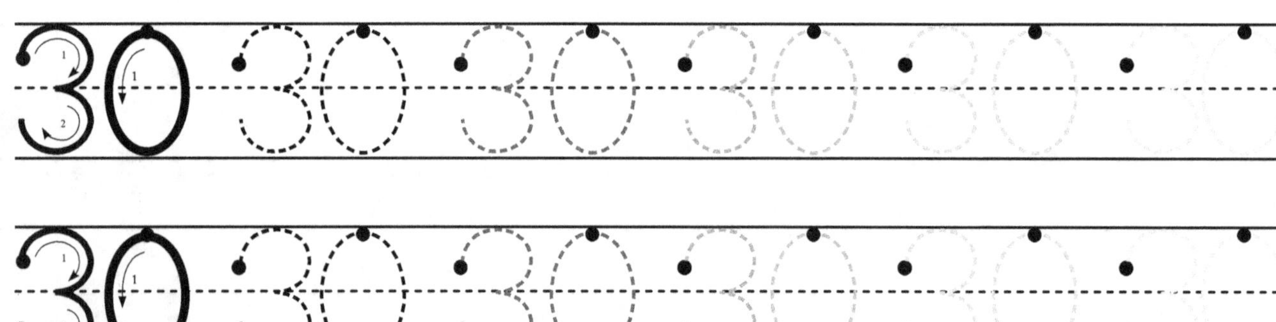

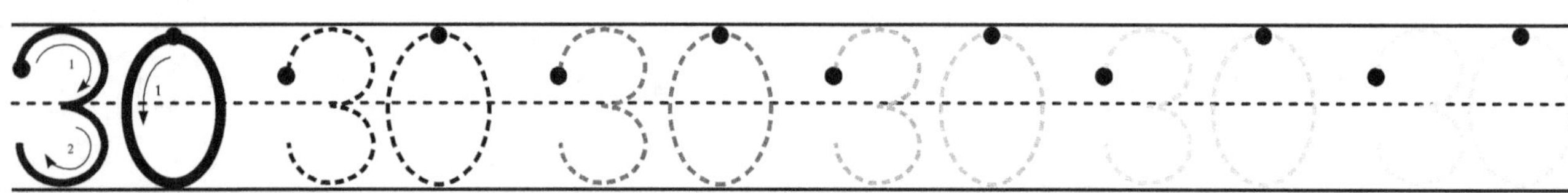

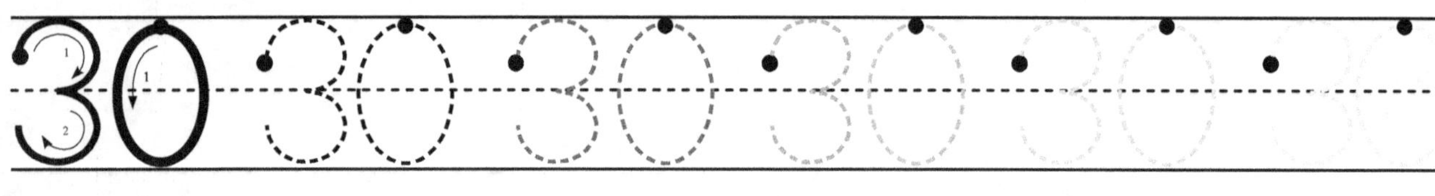

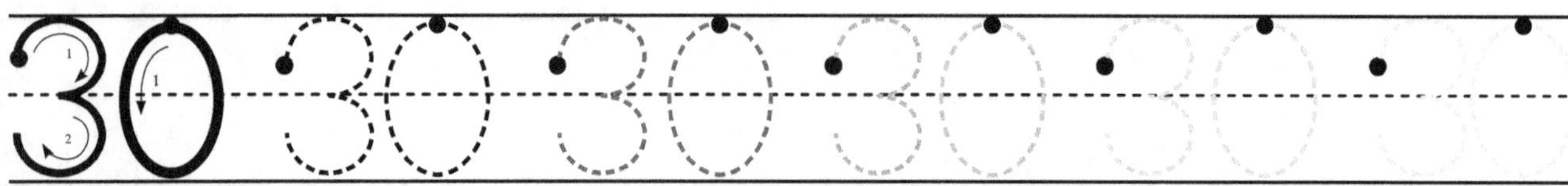

0 1 2 3 4 5 6 7 8 9 10 11 12 13 14 15 16
17 18 19 20 21 22 23 24 25 26 27 28 29 **30**

30

# ...ES WAR SO SCHÖN MIT DIR...

Wir würden uns sehr freuen, Dich bald wieder in einem anderen **Schlaue Schlawiner** Malbuch begrüßen zu dürfen.

Außerdem wäre es fantastisch, wenn Du eine ehrliche Produktrezension auf Amazon verfassen könntest. Es dauert nur 1-2 Minuten und bedeutet für uns als kleine Autoren sehr viel!

# FRAGEN, WÜNSCHE ODER FEEDBACK?

Schreib uns eine E-Mail: baldehmarketing@gmail.com

## IMPRESSUM

Ablavie und David Baldeh GbR
Richtstrecke 2
44799 Bochum
Deutschland
baldehmarketing@gmail.com

9 798648 254503